미래를 스케치하라

미래를 스케치하라

발행 ❘ 2022년 6월 5일

지은이 ❘ 여호영
펴낸곳 ❘ 도서출판 학이사
　　　　　　출판등록 : 제25100-2005-28호
　　　　　　주소 : 대구광역시 달서구 문화회관11안길 22-1(장동)
　　　　　　전화 : (053) 554~3431, 3432
　　　　　　팩스 : (053) 554~3433
　　　　　　홈페이지 : http : // www.학이사.kr
　　　　　　이메일 : hes3431@naver.com

ISBN 979-11-5854-363-1 13320

미래를 스케치하라

4차 산업혁명 시대에 변화의 주인이 되는 법

여호영 지음

學而思 | 학이사

미래를 스케치하라

　돈도 빽도 없이 성공한 사람, 이들의 공통점은 자신의 미래를 스케치했다는 점이다. 대부분 경직된 단순 가치관에 의한 사회적 서열의 그림자 안에 있다. 4차 산업혁명 시대에 이미 접어들었다. AI가 생활 속으로 점점 파고들어 온다. AI를 응용할 수 있는 인재를 선호하고 있다. 경력을 쌓을 기회를 주지 않으면서 경력자만 찾고 있다. 과거로 가는 기차는 오지 않는다.

　정성으로 뜻을 세워 마음을 다잡아라. 나의 장점, 내가 원하는 지향점을 파악한다. 강점을 실천력으로 객관화시켜 준다. 나는 무엇을 좋아하고 무엇을 잘할 수 있는 사람인지를 알아야 한다. 스스로가 무엇을 원하는지를 정해야 한다. 그림이나 다양한 다이어그램 등으로 표현한 나만의 상상자유공간을 형상화하고 보유 운용한다.

　관심분야에 대해 더욱 체계화시켜 나간다. 관심사항이 있다는 것은 인생 항로상 도착항이 있다는 것이다. 인생 항로를 제대로 잡았다는 것이다. 글을 쓴다. 논리성이 강화된다. 안 보이는 생각 등을 보이게 한다. 의사소통력을 기른다. 글 쓰는 사람은 효과적인 사회적 공감능력을 갖기를 원하는 사람으로 분류된다. 머릿속에 간직한 보물을 스케치하여 놓는다. 간단한 메모, 그림, 도표 등이 함께 어울려지는 것이다. 창의적인 에세이를 쓰면 자신이 소유한 이미지들을 더욱 이치에 맞게 또 견고하게 배치하여 놓을 수 있다. 고전을 읽는다. 고전은 외친다. 인간은 잠은 자지 않고 살 수가 없는데, 꿈 없이는 살 수가 있단 말인가?

남다른 사고를 한다. 기회를 새롭게 살린다. 남들과 같은 보편적인 가치관에 머물지 않는다. 평범해 보이는 기회일지라도 귀중하게 대한다. 삶의 의지를 담고 구현하는 원동력이 필요하다. 삶의 원천을 주도적으로 운행한다. 스스로 평생학습을 게을리하지 않는다.

생각은 크게 하고 시작은 조그마하게 한다. 생각하는 시간을 많이 갖는다. 상상을 스케치한다. 쉽게 또 재미있게 말하기 위해서는 추상화 훈련이 필요하다. 사고의 품격을 위해 수학을 응용한다. 보고 만져 보는 것이 가장 확실하게 믿는 방법이다.

문제 해결에 있어 다양한 해결책들을 창출한다. 말을 하기 전에 머리 속으로 설계한다.

무슨 문제를 지금 풀려고 하는가? 무엇 때문에 내가 하고자 하는 것을 못 하고 있는가? 시간을 내서 배우고자 하는 것이 무엇인가? 오늘 내가 누구를 또 무엇을 더 낫게 기여하고 있는가? 질문은 지혜의 밭을 가는 것이다. 세상을 아름답게 또 행복하게 만들 수 있는 지식과 지혜는 아직 만들어지지 않았다.

시간을 관심 방향으로 축적하면 좋은 결과를 얻을 수 있다. 미소 짓는 연습을 게을리하지 않는다. 스스로 발견한 문제에 대해 해결에 필요한 지적 요구를 스스로 해결하도록 스스로를 돕는다. 문제점을 추출할 수 있는 힘, 이를 해결하는 데 필요한 지식 또는 지혜를 만들어 내는 힘 등을 스스로 기른다. 관계망을 넓히고 긴밀하게 하라. 열린 마음으로 관계를 형성하라. 신뢰를 바탕으로 하라. 매사에 개혁 의지를 가지고 살펴봐라. 리더십을 발휘하라.

알고 있는 지식도 현재화시키지 않으면 혈관 속의 굳은 혈전처럼 변한다. 좋은 질문은 동맥경화처럼 되어가는 사회를 참신하게 되돌리는 유용한 도구가 된다. 지속 가능성을 위해 기본에 충실하자. 경제는 진실의 거울이다. 공짜 점심은 없다.

　대한민국 사회는 서열에 연연하지 않고 미래 비전을 스스로 갖춘 구성원들을 기다린다. 스스로가 지도자가 되어야 한다. 도전력을 높여야 한다. 운명은 각자에게 주어진 명을 스스로의 의지적 선택으로 원하는 지점으로 운반하라는 뜻이다. 스스로 미래를 개척해 나가는 데에 긴요한 미래를 스케치하라. 스케치에 유용한 도구들로는 글쓰기, 질문, 제안, 추상화, 상상, 수학, 관계 증진, 미소, 관심 등이 있다. 성공의 장난감을 가지고 놀다가 그것을 무덤까지 가져가라.

2022년 6월
저자 여호영

차례

제1편 _ 자각自覺
기회는 스스로 창출하는 것

제3편 _ 법고창신法古創新
개혁을 위해 리더십을 길러라

제4편 _ 도전挑戰
열정과 창의력으로 미래를 향해 걸어라

제5편 _ 사고思考
따뜻한 가슴이 경쟁력이다

제1편 _ 자각自覺

기회는 스스로 창출하는 것

자신의 역할을 충실히 수행하는 것이
성공의 지름길이다

일본 사가현은 후쿠오카 남서쪽에 있다. 일본 48개 현(대한민국의 도와 군 사이)들 중 하나이다. 그 현립 공립고등학교로 사카키타교가 있다. 이 학교 운동부 졸업생은 대학의 일반 학과에 진학을 한다. 일반 사립학교처럼 운동 특기생을 별도로 우대하면서 뽑지 않는다.

이 학교는 운동부가 몇 있으나 모두 대학 운동부 진학과는 무관하다. 모두 취미 수준에서 운동을 한다. 야구부가 새로 만들어졌지만 지도교사는 국어 선생이다. 야구부를 위한 특별 시설은 전혀 없이 운동장도 축구부와 나누어 쓰고 있다.

야구부 지원자들은 모두 일반 대학 진학을 원한다. 신체조건도 열악하고 신장은 모두 다 175센티 이하이다. 이들에게 야구부라고 수업에 빠지는 등 특혜가 전혀 주어지지 않는다. 운동 연습은 공부하는 데에 지장이 있을 거라고 밤에는 못 하게 하고 시험기간에는 일주일 전부터 운동연습을 못 하게 한다.

국어 선생인 감독은 야구부 학생들에게 몇 가지 강조를 한다. 연습 시간을 지켜 달라. 예의를 지켜라. 야구에 대해선 기본에 충실하라고 한다. 야구 관련해서는 달리기와 던지기, 받기, 타격 등의 원리와 원칙을 숙지하고 이를 몸에 익히게 한다. 게임을 즐기라고 한다. 게임 중에는 항상 웃으면서 자신의 역할을 충실히 수행하는 훈련을 한다.

사카키타교 야구부 학생들은 현 대표 선발에 출전하면서 1차전 통과가 처음 목표였다. 결과는 일곱 차례나 연속으로 승리를 거둬 현 대표로 선발되었다. 도쿄 코시엔(갑자원)경기장에서 전 일본 고교 선수권 대회가 열릴 때면 전 일본 열도가 열광하며 TV 시청률이 30%에 이른다. 각 현 대표 48개 고교가 토너먼트 전을 펼친다. 사카키타교 야구팀은 1, 2차전도 모두 이겨 마지막 결승전까지 진출했다. 7회 말까지 4:0으로 지고 있었다. 8회 초는 이 학교의 아마추어 팀이 공격했다. 만루를 만들고 다음 선수가 4볼을 골라내 밀어 내기로 1점을 얻었다. 다음 선수가 만루 홈런을 쳤다. 코시엔 89년 역사상 초유의 역전 만루 홈런이었다. 그 다음은 모두 3진 아웃으로 끝났다.

이 학생들은 게임 자체를 내내 즐겼다. 저도 잃을 게 없다. 5만 관중의 함성도 그들에게는 좋은 배경 음악 정도로 들렸다. 코시엔 경기장에 출장한 학생들은 경기 후 운동장의 흙을 조금 가져가는 것이 전통으로 되어 있다. 그 흙은 그들 가문의 영광을 담고 있다. 야구를 좋아하는 고교생들에게는 꿈의 구장이다. 이 구장의 우승 주인공이 시골 출신 비야구지망생들이었다. 우승을 하기까지 열세 번 연전연승을 거쳐야 한다. 한 번이라도 패하면 우승은 물 건너간다. 아무런 학교 당국의 지원도 없는 이들이 열세 번 연승 끝에 전국대회 우승을 차지한 것이다. 기자회견에서 우승 비결이 뭐냐고 물었다. 학생들은 빙그레 웃기만 했다. 빨리 숙제하러 가야 한다고 했다. 이들은 졸업 후에도 일반 학과 대학에 진학했다. 그리고 각 분야로 진출했다. 고교 시절의 한 추억을 간직하고 있을 뿐이다.

이들의 성공 요인을 다시 한번 간추려 본다.

첫 번째는 시간을 잘 지킨다. 인간 간의 최소한의 약속을 지킨다는 뜻이다. 연습시간을 최대한 활용한다.

다음은 예의를 지킨다는 것이다. 예의가 인간관계를 더욱 돈독하게 한다. 팀워크를 중요시하는 야구 경기에서 팀원들 간의 인간관계가 부드럽다. 또한 공고다.

세 번째로는 경기를 즐긴다. 이겨야 한다는 강박관념을 버렸다. 5만 관중의 함성에 주눅 들지 않는다.

네 번째로는 기본에 충실한다. 주파능력을 기르고 공을 잘 던지고 잘 받는다. 공을 잘 친다.

다섯 번째로는 학업을 게을리하지 않았다. 야간에는 연습 대신 학습을 하게 했다. 학업에 열중하는 것이 야구 경기에 필요한 지능을 계발 공급하는 원동력이 된다. 이 모든 것들이 역발상의 원전이다.

기회라는 불씨를 살려라

무엇인가를 제대로 이루려면 기회의 문을 통과해야 한다. 기회는 무엇인가를 담기 위한 그릇에 해당되며 기회는 무엇인가를 만나는 문이다. 기회와의 만남은 관심과 시공 영역이 서로 같아야 한다. 그래서인지 가치 있는 기회는 그리 많이 오지 않는다. 기회의 모습은 너무나도 기민하게 나타났다가 순식간에 없어진다. 만나기가 어렵다. 대개의 사람들은 자신에게는 좋은 기회가 오지 않았다고 한다.

기회(occasion)는 왜 그렇게도 흔하지 않은 것일까?

고대 그리스 신화에서 그 단서를 찾을 수 있다. 기회의 여신이 있었다. 사람들은 기회의 여신을 손으로 꼭 잡으면 기회를 잡을 수 있을 것이라 생각했다. 기회의 여신이 빨리 뛰어간다. 사람들은 그녀를 보면 손을 내밀어 그녀의 머리채라도 붙잡으려고 한다. 그녀의 머리채라도 잡으면 기회가 잡힐 것으로 생각했다.

하지만 머리채에 손이 닿지 않는다. 기회의 여신이 뛰어가는 앞 방향으로 머리채가 꼿꼿이 뻗쳐져 있기 때문이다. 기이하게도 기회의 여신은 뛰어갈 때 뒤로 날리는 머리카락은 하나도 없었다. 뒷머리는 대머리이다. 기회의 여신을 잡아본 사람은 한 사람도 없다. 머리카락 한 올도 잡히지 않는다.

이 신화는 무엇을 가리켜 주고 있는가? 기회는 오면 잡는 것이 아니라는 것이다. 기회는 남이 만들어 주는 것이 아니라 스스로가 창출하는 것이라는 것이다. 기회는 스스로 창출하는 것이라는 가치관을 새롭게 갖출 필요가 있다.

기회 창출 아이디어가 있다면 하찮은 기회일지라도 예전과 같이 하대해서는 안 된다. 남들과 같은 보편적인 가치관에 머물지 말고, 통상적으로 평가하지 말며, 하찮은 기회일지라도 더 이상 폄하하지 말아야 한다. 평범한 기회일지라도 귀중하게 대해야 한다. 조그마하기도 하고 하찮아 보이기도 한 기회를 잘 맞이하고, 이를 잘 따져 보고, 예리하게 평가하여 기회의 조짐을 알아내는 것이다.

멧돼지 사냥하는 사람들은 바람 속에서도 멧돼지 냄새를 느낀다고 한다. 멋진 기회의 냄새를 맡을 후각 능력을 길러 기회를 맞이할 준비를 하는 것이다. 그러면 조그마한 기회가 자신보다 조금 더 큰 기회를 데리고 온다. 기회의 징검다리가 만들어져 기회의 선순환적 성장 환경을 맞이하게 되면 기회의 불씨를 지펴야 한다.

경쟁력을 키워나가는 사람들은 새로운 기회를 잘 만들어 낸다. 기회는 그 자체가 재화는 아니나 적극적인 활동으로 찾아 나설 수 있다. 기회를 얻었을 때는 신명을 다 바친다. 기회를 황금으로 바꿀 수 있다. 기회는 구걸해도 창피한 것이 아니며 기회를 맞이하는 준비 자세는 남달라야 한다.

작다고 느껴지는 기회, 멀리 있는 기회, 관련이 없어 보이는 기회, 애매해 보이는 기회, 가치가 없어 보이는 기회, 이런 기회들을 재해석해 보자. 그곳에 큰 기회를 맞이하는 길이 있다. 어떤 촉감을 느낄 수 있다. 하찮은 기회일지라도 소중히 다루다 보면 기회의 사다리를 탈 수 있다. 기회는 미리 잡는 것이다. 위기도 기회로 바꿀 수 있다.

느림보 교육만이 답이다

네 발 달린 동물은 태어나자마자 걸을 수 있지만 사람은 1년 정도 지나야 걸을 수 있다. 사람은 걷기에 필요한 지능을 스스로 갖추는 데에 그만한 시간이 필요하다. 필요한 지능을 갖추는 데에는 일정한 환경과 기간이 필요함을 반증하는 것이다.

대학에 입학을 준비하는 학생들의 불행 중 하나는 '공부는 대학입시를 위해서' 라는 데에 있다. 대학입시를 위한 학업 또는 학습은 지적 호기심을 유발시키지 못하고 학업은 오로지 입시에 도움이 되는 부분만 중요시 여기며 공부하고 있다. 사회적 인격체인 대한민국 학생은 점진적 성장 과정에 있어 완급에 부응하는 지적 요구를 스스로 해결해 나가지 못하고 과속 학업 진도는 학생의 성장과정은 안중에도 없이 고득점만을 지선至善으로 여긴다.

지적 성장 활동과 다르게 너무 앞서가는 진도에 학생들은 회의감을 가진다. 내가 만약에 대학에 진학하지 않는다면 왜 이

공부를 해야 하는가 하는 의문을 갖게 된다. 일부 실업고등학교 취업반의 수업은 무너진 지 이미 오래다. 좋은 대학에 입학해야 출세할 수 있다고 해놓고, 학생 개개인의 커리어 패스, 성장 속도와는 무관하게 또 지적 호기심의 유발과는 거리가 먼 대입 득점에 도움되는 공부에만 전념케 한다.

학생들에게 기성세대는 천추에 지울 수 없는 죄를 짓고 있는 것이다. 기성세대는 학생들에게 지적 능력을 조장하고 있다. 조장은 벼를 빨리 크게 하려고 벼 이삭을 위로 뽑아 놓았다는 고사에서 나온 말로서 지속발전 가능성과는 거리가 멀다.

UN은 2018~2023년 사업 목표를 지속발전 가능성에 두고 17가지 세부 목표를 제시하고 있다. 그중 네 번째가 양질의 교육이다. 양질의 교육이란 사회구성원의 일원으로서 인류사회 발전에 기여할 수 있는 자아를 발견하게 하고 스스로 발견한 문제의 해결에 필요한 지적 욕구를 스스로 채우도록 도와주는 것이다.

그 대안으로 느림보 교육을 들 수 있는데, 느림보 교육의 핵심은 스스로 원하는 실체를 파악하게 하는 힘, 즉 문제점을 추출할 수 있는 힘, 이를 해결하는 데 필요한 지식 또는 지혜를 만들어 내는 힘 등을 스스로 기르게 하는 것이다. 이 교육의 이점은 스스로 지속적 발전 엔진을 갖추는 데 있다. 느림보 교육의 과정은 갑갑증을 느낄 정도로 지지부진하게 보일 수도 있지만 현재의 문제 중 일부는 수능 하위권대의 학생이 느림보 교육의 이점을 얻었냐 하면 그것도 아니라는 점이다.

주관보다 객관에 가치관을 두고 있는 대부분의 학부모는 느림보 교육을 저주한다. 느림보 교육에 발 담그다가 자기 자식만 도태될 것이라고 걱정한다. 가치판단 기준 중 최고의 가치는 무엇인가? 객관을 남달리 보는 주관에 방점을 찍을 만한 것이 바로 느림보 교육이다.

4차 산업혁명, AI시대, 코로나19 이후의 세상을 맞이하고 있다. 융합과 활용, 창조와 문제해결력을 요구하고 있다. 스스로 갖추고 싶은 능력과 지력智力이 무엇인지를 가려낼 수 있도록 키워야 한다. 어떤 지식이 나에게 우선하여 필요한지를 판단할 수 있는 교육이 되어야 한다.

매년 수능 세대의 수능 기준 학업성취도가 전해에 비해 점점 떨어지고 있다고 한다. 그러나 단순히 수능 결과만을 걱정할 것이 아니라 새 패러다임이 필요하다. 이 학생들이 새 패러다임에 적응하기 위한 과도기의 학생들이기 때문이다. 느림보 교육의 서막을 알리는 것이다. 느림보 교육이 정착되기까지는 수많은 시행착오와 시대를 뛰어넘을 정도의 혁신 개념과 공감을 필요로 한다. 느림보 교육에 의한 자기 성장 성과를 눈여겨볼 줄 아는 대학이 나왔으면 한다.

사업은 돈이 아니라 신용이다

정주영에게 친척 한 사람이 찾아왔다. 나에게 돈을 빌려 주시지요. 사업을 하고자 합니다. 사업은 돈으로 하는 게 아닙니다. 신용으로 하는 것입니다. 돌려보낸다.

창업을 생각할 때 제일 먼저 떠오르는 것은 무엇인가? 사업을 하다가 혹시 망하면 큰일이라는 것이다. 가재도구마다 붉은 딱지가 붙고 가족은 길거리로 나앉는 모습을 떠올린다. 창업 후 5년을 견디는 기업이 20%이고 80%는 5년 이내에 소멸한다.

창업은 어쩔 수 없지만 한편으로는 두려움의 대상이기도 하다. 창업해서 절대 망하지 않고 오히려 경륜이 쌓이는 방법이 있다. 1인 창업, 신용과 신뢰를 자본으로 하는 창업, 점포를 두지 않는 창업 등이다. 합쳐 보면 결국 인맥, 지력智力으로 하며 고정비를 발생시키지 않는 방법이다. 1인 창업이 대세가 아닌 이유는 창업하면 일이 많아지는데 혼자서는 감당을 못 하고 교대를 해야 해서다.

인터넷 기업환경은 1인 기업의 생존 확률이 오히려 높다. 인건비는 현금을 바로 지불해야 한다. 연간 정산해 보면 남는 것 같은데 시원한 감을 못 느낀다. 이유는 현금 흐름에 있다. 오늘 오백 원이 내일 오만 원보다 낫다.

창업을 하기 위해선 용기가 필요하다. 1%의 가능성이 있기에 성공 가능성이 너무 낮다고 대개는 포기한다. 용기 있는 창업자는 1%의 기회는 0.1%보다는 십 배나 더 높다고 생각한다. 그래서 시작하는 데에 아무런 지장을 느끼지 않는다. 1% 정도의 성공 확률을 점치는 사람들의 방법과는 근본적으로 다르다. 창의적인 방법으로 접근하기에 자신에게는 높은 성공 확률을 떠올린다.

남다른 창의성을 요구한다. '남이 안 하는 것을 하라'가 아니라 남이 하는 방법과 다른 새로운 방법으로 하라. 최적인 사업 분야를 선정하는 것이 성공의 요체이다. 좋아하는 분야 보다는 잘할 수 있는 분야이면 더욱 좋고 돈 없이 사업에 착수하고 성공할 수 있다. 다만 착수하는 사업 분야에 대해 사전에 많은 관심을 가져야 한다. 해당 분야에 대해 사전에 많은 지식과 경험이 있어야 창업 초기에 투입되는 돈의 양을 줄일 수 있다. 가장 성공적인 방법인 경우 돈 없이 창업이 가능한 것이다.

숨소리까지 기록하라. 망해도 경험은 남고, 손해는 적게 보아 재기의 잠재력을 비축하게 된다. 경험은 귀중하다. 지식은 뒤에 있고 경험은 앞에 나와 있다. 지식이 뒷받침되는 경험이면 최상이다. 기능과 기술의 구분이 바로 이곳에 있다. 경험을 돈으로 사는 것이다. 너무 비싼 수업료는 안 된다. 감당할 수 있는 범위 이내이어야 한다. 돈이 없어도 된다는 말은 감당할 수 없는 수준의 돈이 필요 없는 창업을 말한다. 신뢰를 긍정적 신념으로 쌓아 나아가며 친절로 세상을 밝힌다.

철강 왕 카네기는 소년 시절 자전거를 타고 피츠버그 시내를 돌며 전보를 배달했다. 인사성이 밝았고 친절했다. 당시 전보를 받는 사람들은 사회적으로 꽤나 괜찮은 자리에 있었다. 그들과 친해졌다. 카네기가 창업을 할 때 그들 중 한 사람이 밀어주어 맨손의 카네기가 친절과 미소 하나로 세계적인 부호가 될 수 있었다. 카네기는 돈 없이 창업에 성공한 것이다.

관계망을 넓히고 긴밀하게 하라. 열린 마음으로 관계를 형성하고 신뢰를 바탕으로 하라. 대한민국 국민 누구나 일곱 사람만 통하면 청와대에 닿는다고 한다. 관계망을 말하는 것이다. 관계망을 유지하고 활성화시켜라. 치밀한 사업모델을 가지는데에 결정적인 도움을 주는 사람을 만나게 될 것이다. 멘토를 만나는 것이다. 사업 자금보다 더 귀중한 존재들이다.

돈보다 더 큰 자본은 감성자본이다

　안정된 중견기업에 다니던 젊은 회사원이 갑자기 퇴사를 하겠다 한다. 사장이 왜 퇴사하려고 하냐고 물어보니 퇴사를 하면 실업 급여를 8개월 동안 받게 되고, 그걸 쓰면서 놀고 싶다고 한다. 취업을 준비하는 한 청년은 매달 나오는 청년구직 활동지원금을 기다리는 본인이 조그마한 먹이를 기다리는 우리 안의 짐승과 같은 심정이라고 한다.

　촘촘한 사회안전망이 오히려 915만 청년들의 주도적 삶을 앗아가고 있다. 현재 시대사조는 포퓰리즘의 시대이다. 사회안전망을 정적(정치적 반대파)보다 경쟁적으로 강화하여야 한다고 한다. 이런 사회 구조는 당분간 지속될 것이며 앞으로 이러한 사회안전망이 더욱 촘촘해질 것이다. 기존의 사회안전망 사업의 지급 규모가 커질 것이며 새로운 사업이 나올 수도 있다. 한편으로는 사업주가 실업급여제도를 악용하는 경우도 쉽게 예상할 수 있다.

이 모든 것들이 청년들의 주도적 삶에 도움이 되지 않는다. 영혼이 녹슬어 가게 된다. 경쟁이 없는 사회를 청년들에게 제공하겠다고 해도, 청년들은 나 자신과의 경쟁은 멈출 수 없다고 당당히 맞서야 한다. 운명은 각자에게 주어진 명을 스스로의 의지적 선택으로 원하는 지점으로 운반하라는 뜻이다.

삶의 의지를 담고 구현하는 원동력이 필요하다. 자신만의 감성자본을 끊임없이 계발해야 한다. 감성자본은 삶의 원천을 주도적으로 운행하게 하며, 자신의 정체성(아이덴티티)을 확립시켜 주며, 자신의 실질적 가치를 높여 준다. 그리고 강점을 실천력으로 객관화시켜 주며 타인을 대하는 태도가 진지해진다. 감성자본에는 몇몇 요소들이 포함된다. 겸손함, 인성개발, 자유 의지의 심화, 긍정적 사고의 함양 등 다방면에 걸쳐 관심을 가지게 된다.

좋아하는 것을 발견하게 되고 중점 관심분야를 선정하고 그곳에 정성을 들인다. 관심분야에 대해 더욱 체계화시켜 균형감각을 가지며 외국인과 외국어로 대화하며 의사소통 능력을 증진시킨다. 외국인과 메일을 교환하고 영어로 일기를 쓴다. 그리고 글을 많이 쓴다. 글의 주제에 대해 어떤 구성을 해야 할지 설계능력을 갖춘다.

수학에 대해 관심을 가지고 수학이 가지는 힘을 이해한다. 수학이 함의하고 있는 지혜를 발견해 수학을 이용하여 제안발표 등을 탁월하게 잘할 수 있는 길을 발견하게 된다. 균형 있는 인간미를 구현하는 데에 음악, 율동 등 정서 개발도 필요하다. 이 모든 수행능력들은 관심분야를 비즈니스화할 수 있다.

감성자본은 돈으로 살 수 없는 것들이며, 돈만으로 결코 이룰 수 없는 것들이다. 노느니 염불이나 한다는 속담이 있다. 염불을 할지라도 제대로 해야 한다. 인생의 도약을 꿈꾼다면 전략이 필요하다. 미래를 제대로 대비하여 인간감성자본을 비축하자. 먼저 지식이나 지혜 등에 대해 비축할 때 배치를 잘해 놓아 다음에 비축되는 것이 효과적으로 융합이 되도록 하자.

먼저 배운 것이 다음에 배우는 것을 쉽고, 재미나게 수용할 수 있도록 도와준다. 대화를 하기 전에 대화 전반에 걸쳐 설계를 한다. 발표하는 기회를 많이 가진다. 교학상장한다. 서로가 가르치면서 서로가 배운다는 것이다.

글을 많이 쓰자. 일기 또는 감성자본을 비축하고 있는 과정을 글로 남긴다. 좋은 글귀를 볼 때마다 옮겨 써 본다. 관심 있는 분야에 대해 팩트를 모은다. 책을 만들어 본다.

1차적으로 감성자본이 완성되는 시점을 만날 수 있다. 취업이 되었거나 창업을 하여 수입이 발생하는 시점이다. 평소 관심사항이 이곳에 속한다면 천만다행이다. 체계적으로 감성자본을 축적하면 할수록 더욱 가치 높은 감성자본에 접근하기가 용이하여 인간사에서 가장 바람직한 형태인 지속발전 가능성을 지니고 살게 된다.

감성자본 획득을 위한 큰 밑그림(로드맵)은 사람마다 다를 수 있다. 내 인생은 내가 설계한다. 적합한 감성자본 획득 로드맵을 설계하고 이를 수행해 나가자. 앞으로 내 삶을 나 스스로 영위할 것인가, 아니면 누가 주는 혜택을 받으면서 일생을 살 것인가는 스스로 선택할 문제다.

성공하는 CEO는 시대 흐름을 읽어야 한다

　과거의 미래가 현재이며, 미래의 과거가 현재이다. 현재는 과거의 지배를 받고 있으며 미래를 지배할 자다. 현재를 제대로 이해하기 위해서 과거로부터 배워야 하며, 미래를 제대로 읽어야 현재를 제대로 파악할 수 있다. 또한 미래를 제대로 봐야 할 이유는 좋은 전략을 수립하기 위해서다.

　어느 전략이나 시간축을 가지고 있다. 전략의 시작 시점에서 전략의 완성 단계까지가 미래다. 미래를 보는 눈은 그만큼 중요하다. 첨단 기술을 이해하는 바탕 위에 전략적 판단력과 미래 세상을 보는 눈을 가질 필요가 있다. 또한 미래의 불확실성에 대비하기 위해서도 미래를 제대로 읽을 필요가 있다. 미래를 못 보는 사람은 약간은 시각장애자다. 현재와 과거를 볼 수 있으나 미래를 못 본다면 삼분의 일을 못 보고 있는 격이다.

　시각장애자는 안구 이식 수술이나, 안구의 전자화, 안경 처방 등으로 해결하듯이 미래를 보는 눈을 더욱 고도화할 수 있는 여섯 가지 처방을 제시한다.

첫째, 미래에 대해 책임을 이행하는 눈으로 바꾼다. 미래에 강한 리더십을 갖추길 원할 때 미래는 좀 더 상세히 다가온다. 미래는 대화의 상대가 되어 가깝게 지낼 수 있다.

둘째, 변화의 메커니즘을 추출한다. 과거로부터 진화해 온 지금의 물상 또는 사회 현상이 어떻게 변해 나갈 것인지를 예측해 본다. 마치 현재라는 총신을 통해 미래라는 총알이 나가는 모습과 같다. 총신의 방향성대로 총알의 탄도가 결정된다. 하버드대 경영대학원에서 조직행동학을 강의하며 『비즈니스 성공을 위한 불변의 공식 4+2』이라는 베스트셀러를 저술한 윌리엄 조이스는 성공하는 CEO들에게 필요한 첫째 능력은 '시대 흐름을 읽는 능력(contextual intelligence)' 라고 한다.

이 능력은 미래로 향하는 총의 현 상태를 알아보는 것이다. 총알이 나가는 총신의 상태, 실탄의 양 및 총신의 방향을 알아내는 능력이다. 그러면 미래라는 총알이 어느 방향으로 어떤 탄도와 속도로 얼마나 멀리 나갈 것인지를 알 수 있다.

셋째, 예지叡智의 힘을 갖춘다. 예지력은 사물의 본질을 꿰뚫는 뛰어난 지혜에서 생긴다. 지금 보이는 것이 미래에 어떨 것인지 해석해 본다. 지금 보이는 것 하나하나에 정성을 가지고 본질을 이해한다. 본질을 이해하기 위해선 다양한 독서와 함께 각계각층의 사람들과 폭넓은 대화를 갖는다. 과거의 본질이 현재까지 어떻게 변해 왔는지를 알면 이 본질의 미래가 보인다.

노안을 방지하기 위해 가까이 보는 것과 멀리 보는 것을 수차례 반복하는 훈련법이 있듯이 어느 사안에 대해 예지로 현재와 미래를 반복하여 보면 미래가 더욱 선명하게 보인다.

넷째, 패기와 열정을 갖는다. 레이저 광선은 광원을 만드는 에너지의 크기에 따라 광선의 위력과 통달 거리가 다르다. 패기와 열정은 레이저 광원을 발현하는 장치에서 에너지 레벨을 높이는 것과 같다. 패기와 열정은 현재와 과거의 사물을 진지하게 다루게 함으로써 미래를 투시할 수 있는 안광을 높여 주며, 근시안을 치유케 하여 유효 통달 거리를 크게 한다.

다섯째, 창의력을 갖추는 것이다. 미래라는 거인은 창의력을 갖춘 사람들에 의해 인도된다. 창의력을 갖춘다면 미래라는 거인을 움직일 수 있는 대열에 서게 된다. 창의력을 갖춘 사람은 미래를 제대로 읽을 수 있으며 사물과 제반 현상의 미래에 활력으로 작용한다. 결국 미래를 지속발전 가능성으로 흐르게 한다.

여섯째, 비전력 즉 미래를 설계하려는 의지를 강하게 갖는다. 자신의 비전, 조직의 비전, 사회의 비전을 스스로 설정한다. 남에게 비전의 설정을 의탁한다면 이는 낡은 패러다임에 충직한 사람이다. 비전은 미래라는 사실을 형상화한 것이다. 자신이 원하는 미래를 그려야 자신의 미래가 도래한다. 비전을 설정할 때 미래는 더 이상 안개 속에 머물러 있지 않게 된다.

바쁘다는 것은 남보다 뒤처지는 것을
못 참는 열등감이다

　바쁘다고들 한다. 시간 없다고 하소연하는 사람이 많으며 밥도 후르르 빨리 먹어 치운다. 지능화 사회가 되어 갈수록, 소득이 높아질수록, 지위가 높아 갈수록 바쁜 사람 천지다. 이들은 도끼자루 썩는 줄도 모르고 도끼질 해대는 사람과 같다. 바쁜 것은 정상이 아니다. 보이지 않는 문제를 안고 있는 것이다. 문제를 해결하지 않고는 결국 도끼에 발등 찍힌다.

　동식물들은 바쁜 모습을 안 보인다. 유독 사람만 바쁘다고 한다. 식물이 그래 봬도 한 계절 먼저 준비한다. 바뀌는 계절을 느끼며 한 계절 앞서 대비한다. 바쁨을 치유하는 길을 동식물에서도 배워야 하지 않을까? 바쁘게 된 원인은 어디에서 연유할까? 역량이 미치지 못하는 일을 맡아 하고 있다는 잠재의식이 존재하는 한, 알게 모르게 조급증이 잠재 상태에서 발동 상태로 서서히 움직인다. 남들에게 인정받고 싶은 마음이 변형돼 남들보다 뒤처지는 것을 못 참는 일종의 열등감에서 비롯된다.

귀중한 인격들이 치열한 경쟁구도 속에서 도끼자루 썩는지도 모르고 바삐 오가고 있다.

선택과 집중이라는 명제를 받아들이다 보면 남는 것은 집중이다. 집중의 원의미는 모든 역량을 가지고 목적달성을 하자는 것인데, 잘못 이해하면 불필요한(?) 것들을 가지 쳐 버리고 오직 목적에 맞는 것만을 추리려고 한다. 물리적인 집중은 될 수 있으나 비계량적인 정성적인 재원을 함께 활용하는 진정한 의미의 집중이 필요하다. 좋은 기획, 빨리빨리보다는 미리미리, 여유와 침잠 등이 집중으로 가는 데 귀중한 자원이 된다. 제대로 집중을 해야 한다.

일을 잘하는 사람에게 일이 더 간다. 일을 잘한다는 것은 성과가 기대치보다 높게 난다는 것이다. 그러한 사람에게 새로운 일을 더 맡기고 싶은 것이다. 최상의 이상적인 조직이라면 아무리 많은 일이라도 할당하고 협동하여 처리하도록 하겠지만 이런 조직은 거의 없다. 추가의 일을 맡게 되었을 때 맡긴 사람과 조율이 필요하다.

아이비엠의 직원이라면 우선 현재의 업무량을 보여준다. 그리고 새로운 일을 맡게 된다면 업무를 어떻게 재조정할 것인지를 협의한다. 피크 타임 때의 업무를 어떻게 완화시킬 것인지를 결정한 후 새로운 업무를 수행한다. 제한된 시간과 리소스로 높은 성과를 내기 위해서 무엇보다도 중요한 것은 커뮤니케이션의 혁신이다.

일의 성패는 일하는 사람의 역량 때문이기보다는 요구사항을 잘못 이해하여 일의 결과가 만족스럽지 못하게 되는 경우가 대부분이다. 확인에 또 확인이 필요하다. 행간의 의미까지 제대로 파악해야 하며 조그마한 일일지라도 그 일을 완성하는 데에 소요되는 시간의 약 20% 정도를 어떻게 일을 잘할 수 있을까에 대해, 우선 기획을 해야 한다.

4시간짜리 일을 할지라도 40분가량의 기획이 필요하다. 기획에는 요구의 정확한 의미가 무엇인지 재삼 음미하고, 요구의 타당성과 완전성을 검토하고, 이 일을 누구의 도움을 받는다면 가장 효율적으로 할 수 있을 것인지를 판단하고, 재사용성 기회는 없는지, 확인과 검증은 어떻게 할 것인지, 업무의 완료는 어떻게 평가받는지 등을 엄밀하게 따져 놓는 것을 먼저 한다.

바쁘다고 생각이 들면 이건 잘못 가고 있는 것이다. 건강한 사람은 자신의 심장박동을 느끼지 못한다. 무려 분당 60회 가량 뛰고 있는 박동을 조화롭게 소화하고 있기 때문이다. 바쁘다고 생각하는 사람은 현재의 일을 조화롭게 소화 못 하고 있다는 증거다.

일을 잘하는 사람들의 특징 중에는 80:20 법칙을 잘 응용한다. 긴요하고도 급한 일에 초점을 맞추어 가용할 수 있는 시간의 80%를 여기에 사용한다. 장래 중요하다고 생각하는 일을 미리미리 준비해 놓는다. 동일한 또 반복하는 일일지라도 창의적으로 뭔가를 새롭게 가미하여 업무를 처리한다. 성공하는 사람은 뭔가 다르다.

인공지능 사회에서 협업 이외의 일에는 각자가 어디에서 어떻게 일하든 일의 결과와 성과만 좋으면 된다. 이러한 시대에는 더욱 창의적인 업무처리를 요구한다. 우주의 이치, 동식물의 생태계, 인문학, 예술, 역사 등 모든 영역을 관심의 대상으로 삼고 그곳에서 얻은 영감을 업무 처리에 적용해 보면 어떨까?

변화를 변화시켜라

변화는 무엇을 흔드는 것부터 시작하는 것인가? 흔들림 속에서 위상의 변화가 염려스럽다. 구차한 이유를 들어 변화를 더디게 한다. 또는 변화를 왜곡시키지 않는지? 변화는 준비된 조직이나 개인이 아니고는 일단 거부하게 마련이다. 기저귀가 젖은 아이만이 변화를 원한다. 변해야 한다고 생각은 드는데, 어쩔 수 없이 변화할 수 없다는 조직이 대다수이다. 마치 물이 스며들어 오는 배에 탄 것과 같다. 조직이나 역할이 구획되어 있다. 배 밑창에서 들어오는 물은 내가 속한 곳이 아니다, 나 또는 나의 조직과는 상관이 없다고 생각한다.

글로벌화된 일체의 시장 환경은 창조적 파괴 쪽으로 물꼬가 잡혀있다. 자유시장을 위한 이상을 구현하기 위해서이다. 역동성을 가졌음을 말해 준다. 새로운 것을 창조하여 향유하기 위해서는 과거의 것을 파괴해야 한다. 변화를 새롭게 인식할 필요가 있다. 변화에서 변은 물리적인 형태나 양상의 변경이다.

변화의 화는 자연의 이치와 인간의 본성에 합치하는 과정이다. 완성의 단계이다. 만물 및 모든 시스템은 생식한다.

주역에서는 물극필반物極必反이라 한다. 사물이 극에 달하면 반드시 반전한다는 뜻이다. 달이 차면 기울고 동지가 되면 해가 길어지듯이 세상만사 한 흐름이 끝까지 가면 변화가 시작된다. 인간이란 결코 제때에 깨닫지 못하는 존재이다. 인간의 오류가 끊임없이 반복되고 있음을 말한다.

사물은 각기 수명 주기가 있다. 주기에 따라 다음 단계로 넘어가는 것이 화이다. 변화의 주인이 되어야 한다. 시대정신을 꿰뚫어 볼 수 있어야 한다. 현재 상황을 진단하고 미래 방향을 전망하는 가치의 집약이라는 의미이다. 당대의 시대정신은 당대인에게는 잘 안 보이는 특징이 있다. 후대 사람이 되어 당대를 보면 당대의 시대정신을 어느 정도 읽을 수 있다. 변화를 주도하라는 메시지를 읽을 수 있을 것이다.

육종학자 우장춘 박사는 제자들에게 화육和育이라는 휘호를 남긴다. 화하지 않고는 육할 수 없고, 육할 것은 화하게 하라는 뜻이다. 변화는 화한 변화여야 한다. 변화 자체부터 우선 변화시켜야 하며 준비된 변화여야 한다. 변화는 명확한 비전을 전제로 한다. 비전 지향적 마인드 정립이 긴요하다. 제대로 된 변화를 주도하기 위해서는 다른 사례로부터 교훈을 얻어 학문적 실무적 탐구를 통해 지혜의 숭고도를 높인다.

역사 속의 인류 문명과 문화에 대해 보다 더 심도 있는 이해와 끊임없는 연단을 통해 동적 균형감각을 갖춘다. 시대정신에 부합하는 동적 균형감각은 변화의 핵심 성공 요소이다.

　변화의 대상 요소는 사람, 제도와 환경, 가치관(가치판단 기준)이다. 변화를 위한 정교한 설계가 필요하다. 변화의 대상인 3가지 요소를 어떻게 융합시키고 정제시킬 것인지를 정의한다. 현재에서 변화 완성까지 어떤 경로로 가는 것인지 등이 고려 되어야 한다.

　변화를 위한 기초 요소들로는 문제 식별 능력, 비전 제시력, 의사소통 능력, 조그마한 변화 체험 능력, 변화 문화의 내재화 등이다. 변화를 위한 기초 자원이 견실해야 변화 성공 확률이 높다. 변화에는 용기와 인내가 필요하다. 과격한 또는 엉성한 변화 시도보다는 작은 변화이지만 자유와 시장을 향한 방향이라면 결국 위력을 발휘하게 된다.

왕이 민초에게 배우다

조선 숙종은 재위기간이 46년이다. 영조 재위기간 51년 다음으로 길다. 임란을 극복하고 나라가 안정기에 접어들었다. 정치는 숙종이 장악하였다. 신권을 견제하기 위해 당파 간의 경쟁을 유발하여 우세한 당에게 정국인사를 통째로 맡겼다. 환국이라고 한다. 요샛말로 완전한 정권교체다. 대동법이 황해도까지 확장되었다.

장기 집권하고 있는 숙종이 하루는 평복으로 변복을 하고 민정시찰 길에 나섰다. 보좌관 한 명만 수행하고 동대문 근처로 갔다. 날은 어둑어둑해지며 가물가물하는 호롱불이 창문 밖으로 희미하게 비쳐 나왔다. 지금의 종로5가 효제동 어디쯤이었다. 좁은 골목길에 접어들었다. 근처 어느 집에서 크게 웃는 소리가 들렸다. "핫, 핫 하! 아아 핫하 하."

숙종은 이런 웃음은 난생 처음 들었다. 궁에서 신하들이 흔히 하는 만들어진 또는 계산된 가식으로 가득 찬 웃음과는 근본적으로 다를 뿐만 아니라 질적으로도 달랐다. 기이한 일이었다. 숙종은 웃음이 나오고 있는 그 집 문을 노크했다. "주인장 계십니까? 지나가는 과객입니다. 물 한잔 얻어 마실 수 있겠습니까?" "하문요. 안으로 들어오시죠."

숙종이 방 안을 돌아보니 주인장은 짚으로 새끼를 꼬고 있다. 식솔들이 빙 둘러 앉아 주인장을 거들고 있다. 아이들이 서넛, 노부모도 모시고 있다. "결례가 안 되신다면 주인장에게 한 말씀 여쭤도 되겠습니까?" "예." "주인장께서는 어찌하여 그렇게 행복하게 웃음을 짓고 계십니까?" "저는 빚을 갚고 있으면서 한편으로는 저축을 하고 있습니다."

숙종은 이 사람이 자신보다 낫다고 생각했다. 기근이 몇 년째 계속되어 아사자가 늘어나고 있고 청나라로부터 식량을 들여오려 해도 신료들이 어떻게 오랑캐 곡식을 먹을 수 있냐고 한했다. 숙종은 밤 늦게 궁으로 돌아왔다.

다음 날 조회를 마치자마자 반부패비서관을 불렀다. 어젯밤 그 사람을 뒷조사시켰다. 요즈음 경제가 바닥을 치고 있는 와중에 빚을 갚고 저축을 한다니, 분명 그자는 무슨 뇌물을 받았든지 아니면 어떤 큰 부정에 연루되어 있지 않고는 그럴 수가 없다고 수사 지침까지 줬다. 며칠 후 수사보고가 올라왔다. 아무런 부패혐의가 없다고 했다. 숙종은 다시 그 집을 찾아갔다.

"어르신 한 말씀만 다시 묻겠습니다. 어르신께서는 어찌하여 요즈음 경제도 어려운데 빚도 갚고 저축도 하시고 계십니까? 저에게 가르침 한 가닥 주십시오."

"내가 어렸을 적 부모님이 나를 키워 주셨으니 내가 빚을 진 건데 지금 부모님을 공양하고 있으니 빚을 갚고 있는 거고, 아이들을 내가 키우고 있으니 이들이 내가 늙어 거동이 불편할 때 나를 돌볼 것이기에 저축을 하고 있는 것이지요."

그 말을 들은 숙종은 실신한 사람처럼 멍하니 있다가 겨우 정신을 차리고 그 집을 빠져나왔다. 이후 숙종은 정사를 정성껏 살펴 태평성대를 이뤘다.

일을 해야 건강을 유지할 수 있다

내가 하시모토 상을 처음 만난 지 어언 30여 년이 되어간다. 일본인을 이렇게 오랫동안 사귀고 있다. 조금은 의외일 수 있을 것이다. 이분의 첫인상은 한국인과 흡사하고 체격도 작은 편이며 매우 건강해 보인다. 나이도 그렇게 많아 보이지 않으며 굉장히 겸손하고 또 긍정적이다. 새로운 것에 호기심과 관심이 많아 나이를 먹으면서 알맞은 직업 분야로 점차 바꿔 타기를 한다. 나이가 들면 들수록 오히려 장점이 될 만한 요소들을 활용한다.

하시모토 상은 일본군국주의 침략전쟁이 한참이던 1937년 일본의 남쪽 지방 미야자키의 조그마한 소도시에서 태어났다. 초등학교 2학년 때 패전을 맞아 미군정을 체험했다. 교토 대학 천문학과에 입학했다.

칠팔 년 전 그 대학 교수인 유카와 히데키 교수가 일본 최초 노벨 물리학상을 받았다. 하시모토 상은 이 교수로부터 물리학

강의를 받은 것을 아직도 자랑으로 여기고 있다. 한국과 일본에는 기술사 제도가 있다. 학술계가 아닌 기술계에는 최고의 국가 자격인 기술사 제도가 있다. 이분은 사십 대 초반에 정보공학 기술사를 획득했다. 나와 첫 만남은 기술사로서 양국 간 교류를 위해서였다.

십여 년 전 나와 하시모토 상은 양국 기술사회장으로부터 동시에, 또 같은 자리에서 각각 공로상을 받았다. 양국 간 기술교류에 기여한 공로를 인정받은 것이다. 80년대 초 하시모토 상은 한국의 데이터 통신 인프라 개척에 기여하였다. 그의 국제금융망에 대한 기술적 관리 행정적 제안이 당시 전두환 대통령에 의해 받아들여졌다.

하시모토 상이 가지는 특징이 몇 가지 있다. 겸손하다. 나이가 있음에도 전혀 의식하지 않는다. 항상 같은 눈높이에서 상대를 대한다. 어느 해 5월 초는 한중일 3국이 황금연휴를 가졌다. 연휴기간 중 일본에 간 김에 하시모토 상을 만났으면 했다. 그들은 이미 황금연휴 계획을 세워놓고 지방으로 떠날 채비를 하고 있었다. 그때 나의 만나자는 제안을 받았다. 그의 부인은 계획을 바꿀 수가 없었다. 부부동반으로 만나길 원했지만 불가피하여 그분 혼자 나왔다.

바쁜 일정임에도 함께하면서 귀중한 이야기를 들을 수 있었다. 이 사람의 일생은 한 분야에서 사다리를 끊임없이 타고 올라가는 형상이다. 한 분야에 정통함은 물론이고, 모든 분야를 아우르는 균형 감각이 뛰어나다. 기술자로서 기술 밖에 모른다가 아니다. 초기 미군정은 패전 일본을 사회주의적 나라로 만들어 강력한 신흥 국가출현을 방지하고자 했다고 한다. 중국대륙이 공산화되자 일본의 역할을 재평가하여 자본주의적 국가로 키우려고 원복(롤백) 했다고 한다. 요즈음 한일관계가 얼어붙어 있다는 점에 소견을 밝힌다. 정부 당국자 간에는 그렇게 하더라도 민간 차원에서는 교류를 활발히 하고 우의를 더욱 돈독히 다져 나가자고 한다.

요즈음 하시모토 상은 직업인들의 직업윤리에 대해 논문을 발표하고 있다. 하시모토 상으로부터 배우고 싶은 점은 지속적인 관심사항을 발굴하고 이를 파고든다는 점이다. 연세가 여든셋임에도 한국의 젊은이 못지않다. 지금도 1인 회사인 컨설팅 회사(펌) 기술사사무소를 운영하고 있다.

운명의 끈을 놓지 않고 일을 함으로써 건강을 유지한다. 아직껏 잔병치레를 해본 적이 없으며 약간의 긴장과 부지런함이 건강을 지키는 비법이다. 결국 일을 하니 건강을 유지한다는 점을 이분은 나에게 가르쳐 주고 있다. 은퇴는 없다.

위기를 기회로 전환하라

60년 전, 서부 경남 하동읍의 어느 동네를 지나는 신작로가 있었다. 길은 좁고 꼬불꼬불하며 비포장이었다. 비포장길을 자갈로 덮었다. 동민들이 1년에 한 차례씩 부역을 했다. 모든 가구들이 신작로의 6미터 정도를 할당받아 자갈을 포설했다. 길 옆 편으로 자갈을 고래로 만들어 놓으면 포설하기 전 검사관의 확인을 받아야 했다. 자갈이 포설된 길은 한 달쯤 지나면 자갈이 어디로 갔는지 없었다. 움푹 팬 길에 중량차들이 지나면서 곤욕을 치렀다. 지나는 차는 한 시간에 4~5대가 지나갈 정도로 하루 종일 50여 대가 안 되었다.

여객버스로는 광주여객이 자주 다녔다. 버스와 화물차가 주류였는데 승용차는 없었다. 신작로에 상여가 가다가 버스를 만나면 저승길 노잣돈을 요구했다.

길가엔 가로수로 플라타너스가 있어서 멀리서도 길이 어떻게 놓여 있는지 쉽게 알 수 있었다. 이 나무의 꽃가루가 해롭다는 설에 따라 베어 버렸는데 뒤에 무혐의로 밝혀졌다.

크리스마스 전날 밤(이브) 동네 교회에서는 철야 기도회가 열렸다. 교회는 10평 정도의 목조 건물인데 어린이 10여 명이 한 줄로 앉아 철야 기도가 빨리 끝나길 고대했다. 사탕을 준다는 소문에 밤새도록 기다렸지만 결국 사탕은 받지 못했다. 젊은이와 어른 20여 명이 기도회에 참석했다. 참석자들의 평균연령이 30세 내외였다.

60년 후 처음으로 그곳 교회에 갔다. 진입도로는 아스팔트 포장이 되어있으며 아담한 벽돌 건물의 교회 본당과 철근 콘크리트 2층의 부속관 그리고 사택이 있고 조경이 잘 되어 있다. 신도들이 타고 온 차들이 40여 대가 된다. 중형에서 소형까지 종류도 다양하다. 예배에 오신 분들 50명의 구성이 특이하다. 20~30대 젊은이가 5명 정도이고 나머지는 60세 이상의 고령자들로 참석자의 평균연령이 60세 안팎이다. 예배 후 참석한 모든 분께 점심을 제공한다. 국이 있고 반찬도 다양하다.

한국은 노령화 사회에서 초고령화 사회로 진입하고 있다. 지금은 잘살고 있지만 앞으로 60년 후는 어떻게 될 것인지 생각을 하게 된다. 젊은이 한 사람에 노령인구 2명꼴로 인구 분포가 될 것이다. 젊은이 한 사람 한 사람을 제대로 길러 글로벌 인재로 육성하여야 한다. 글로벌 인재란 세계적 대학에서 박사학위를 얻는 것이 아니고 전 지구적 시장이라는 밭에서 내성이 강한 다양한 식물로 자라는 것과 같다.

유니클로UNI QLO는 글로벌 시장에서 성공한 경우로 한국인의 신체 조건에 맞는 치수의 옷을 한국 업체보다 먼저 한국민에게 제공하고 있다.

글로벌 시장에서 성공한 이러한 우수 업체를 배워야 한다. 한국의 젊은이들은 이 업체보다 더 나은 의류 등을 제공하는 기업을 만들어야 한다. 젊은이들에게 자신이 하는 일이 소중하다는 것을 스스로 느끼게 해주고 그들의 꿈을 더욱 가치 있게 성취할 수 있도록 격려를 해야 한다.

높은 실행력은 행운을 불러온다

높은 실행력은 스스로에게 행운을 불러온다. 실행력은 인생의 항로에서 존경과 풍요로움을 안겨다 주는 가장 믿을 수 있는 보증수표다. 사람마다 실행력에 있어 보이지 않는 미묘한 품질의 차이가 있다. 어떤 사람은 실행력이 높고 어떤 사람은 실행력이 떨어지는가? 실행력은 새로운 가치를 창조한다. 실행력의 품질을 높이면 꿈이 현실로 앞당겨진다.

실행력을 높이는 성공요인 다섯 가지를 제안한다.

첫째, 긍정적 사고와 자율성을 가져라. 긍정적 사고는 행동을 바꾸게 되며 결국 운명을 존경과 행운의 안식처로 옮겨 준다. 실행하는 기회를 즐거움으로 맞이하라. 자율성은 스스로에게 항상 새로움과 도전을 안겨 준다. 자발성은 매일 새로우며 또한 더욱 새로움을 스스로에게 요구한다. 자율성은 스스로를 주인으로 행세하게 하여 최상의 기회를 스스로가 창출하게 한다. 좋은 습관은 긍정적 사고와 자율성에서 나오며 인생을 포근하게 만든다.

둘째, 인생의 목표와 지금 하는 일을 일체화(얼라인먼트)시켜라. 얼라인먼트시킨 것을 갱신할 필요가 있다면 이를 재일체화(리얼라인멘트)시켜라. 지금 하는 일의 성과와 그 품질이 나의 인생 목표를 겨냥하고 있다고 믿어라. 지금 하는 일로 번 돈을 나의 인생목표를 위해 쓸 예정이라면 지금 하는 일과 인생의 목표가 얼라인먼트가 된 것이 아니다. 지금 하고 있는 일이 나의 인생목표를 위해 어떻게 기여하는지, 지금의 일을 통해 무엇을 배울 수 있는지, 배운 것을 앞으로 나에게 어떻게 가치화할 수 있는지, 가치를 명확하게 식별한다. 필요하다면 일의 방향성을 조정한다. 얼라이먼트화하는 것이다.

셋째, 우선 순위를 설정하여 긴요하고도 긴급한 것에 초점을 맞춰라. 무엇을 실행할 것인지를 결정 못 하고 있는 상태라면 누군가가 무엇을 실행하라 할 것이다. 이때는 삶의 주도권을 이미 빼앗긴 상태다. 인생의 목표를 세분화하고 이를 실천하기 위한 단계별 계획을 수립한 후 가장 효과적인 업무를 선정하여 실행한다. 실행 시점에서 여러 가지의 업무들이 함께 실행의 대상이 된다. 가장 긴요하고도 긴급한 것을 우선 실행해야 하고 파급효과가 있거나 필수 선행 작업 업무를 우선 실행해야 한다. 다음의 고려사항으로는 하나의 실행이 여러 가지의 업무에 도움을 줄 수 있는 필수(에센셜) 업무에 초점을 맞추고 우선 순위 선정 때에 고려하여야 한다.

넷째, 환경으로부터 동력을 얻어라. 효율적으로 실행할 수 있는 동력을 환경으로부터 얻어야 하며 이를 지속적으로 개선해서 실행에 적합한 환경은 실행을 효율화한다. 실행 환경에는 프로세스로 표현되는 인적 요소와 공간 및 도구들로 구성된다. 인적 요소는 실행을 최적화할 수 있어야 하고 공간의 크기와 배치는 실행의 쾌적도를 가름한다. 공간 또는 사무용 테이블 위의 화분 하나도 실행력을 높이는 요소가 된다.

인간의 모든 지혜와 지식을 특정 목적에 맞게 패키징하여 컴팩트화한 것이 도구다. 도구의 버전업이 실행을 효율화한다. 손에 익은 특정 도구를 고집해서는 안 된다. 최적의 도구를 사용하는 실행을 계획하라.

다섯째, 효과성, 효율성 그리고 창의적 방법을 동원하라. 꼭 같은 실행이 시차를 두고 두 번 다시 반복될 수 없다. 최적의 실행력은 학습을 통한 배움에서 시작한다. 실행력은 지금까지의 모든 지혜와 지식 및 역량의 노하우를 총집결해야 한다. 과거로부터 배우지 못한다면 미래에는 배울 기회조차 박탈당할 수 있다. 과거는 현장과 함께 훌륭한 스승이다.

스승을 홀대하지 마라. 스승으로부터 지혜를 전수받아야 한다. 일상의 업무도 보다 나아진 실행력으로 보면 더욱 애착이 가고 주인정신으로 보인다. 업무의 종사자가 아닌 업무의 경영자가 된다.

제2편 _ 일신우일신 日新又日新

상상을 스케치하라

고전에서 배우다

9급 공무원시험에 합격한 젊은이가 부처가 마음에 들지 않는다고 채 1년도 채우지 않고 사직을 한 후 다시 9급 시험에 도전한다. 그리고 또 사직한다. 더 좋은 부처가 있음을 뒤늦게 알았기 때문이다. 천신만고 끝에 공무원이 되어도 이곳이 결코 지상 낙원이 아님을 한참 후에야 알게 되는 젊은이들이 합격자의 반 이상이 된다. 사기업에 취직한 젊은이들도 만족도는 개발 연대에 비해 현저히 낮다. 투잡을 하는 경우도 많다. 취업한 사기업이 자신의 일생을 보장하지 못한다는 것을 잘 알기 때문이다.

전국에 공시생의 숫자가 100만을 넘고 있다. 경쟁률은 50대 1을 넘는다. 수검자 70% 이상이 한 과목 이상 과락한다. 결국 30% 이내의 수검자들만이 정상적인 경쟁을 하는 셈이다. 수검장 2개 교실에 한 명꼴로 합격한다. 공시생으로 길게는 7년 이상 붙어 있는 경우도 있다. 사회적 낭인이라고도 부른다.

공무원이 되면 안정된 생활을 하게 될 것이다. 시간적인 여유가 많을 것이다. 그때 가서 뭘 생각해 보거나 준비해도 늦지 않을 것이다. 취업한 젊은이들이 먼저 맞닥뜨리는 것은 공간적 이동의 불편함, 턱없이 모자라는 보수 등 제약사항이 한두 가지가 아니다.

취업준비는 대학 입학하고 나서 바로 시작한다. 고전을 읽을 시간이 없다. 기회비용을 따져봐야 한다. 취업준비생도 아닌 그저 쉬고 있다는 젊은이가 또 백만 명이다. 이들이 고전을 읽고 이 사회에서 자신이 누구인가를 재해석하였으면 한다. 고전은 옛날이야기일 뿐은 아니다. 인간이란 무엇인지, 인간관계의 근본은 어떻게 형성되었는지, 사회는 어떻게 구성되었고 진화하고 있는지, 시대가 아무리 바뀌어도 변하지 않는 것이 무엇인지, 보편적인 이치 등을 가르쳐 주고 있다.

인간사회의 근본은 개혁을 전제로 한다. 창의를 요구하고 있다. 미국의 유명 대학들은 대학 재학 중 꼭 읽어야 할 고전 100선을 선정하여 독서를 권장한다. 공시생들이 공시 준비기간을 3분의 1 이상 줄여 고전을 읽어야 한다. 고전으로부터 배워야 한다. 고전은 지적한다.

"무엇을 위한 절대 의지인가? 내가 왜 나의 창조자가 되어야 하는가?"

창업을 한다는 것은 리스크가 너무 크다. 창업을 할 때 하더라도 일단은 사회경험을 얻기 위해 취업을 해야 한다. 결혼시장에서 가치를 인정받으려면 간판이 있어야 한다. 공무원이 일반 사기업보다 안전하다. 이것이 바로 시대정신이 만들어 놓은 수레바퀴다. 수레바퀴에 깔려 신음한다. 수레바퀴 밑을 벗어나야 한다. 1년 반 이상 공시생으로 머물러 있다간 인생항로를 잊어버릴 수 있다. 개혁을 기다리고 있는 것들이 젊은이들을 기다리고 있다.

창업을 권한다. 처음부터 돈을 전제로 하는 창업이 아니다. 사무실이나 가게를 여는 형태의 사업이 아니다. 로켓 배송하는 업체가 있다. 주문이 오기 전에 확률적으로 판단한 예상 주문 물량을 싣고 해당 지역을 새벽에 배회한다. 채소류 등의 남은 물량을 대신 처분해 주는 새로운 비즈니스를 예상해 본다.

연속함수를 정의한다. 어느 지점(시간)에서나 미세한 값의 전후가 존재한다. 그러면 이 함수는 연속적인 함수라 한다. 마치 인생 함수와 같다. 태어나서부터 죽을 때까지 이 연속함수는 존재한다. 젊어서 어느 시점에 무엇을 했는지가 인생 항로에서 꼭 연결이 되어 영향을 미친다. 젊어서 공시 준비기간이 길면 길수록 인생의 길에 영향이 강하게 미친다. 수레바퀴를 벗어나야 한다. 고전은 외친다.

"인간은 잠을 자지 않고 살 수가 없는데, 꿈이 없이는 살 수가 있단 말인가?"

글쓰기는 생각을 체계화한다

　조안은 어느 대기업의 평범한 직원으로 10여 년 일하고 있다. 자신의 비즈니스를 꿈꾸었으나 용기도 없고 자금도 없었다. 그러나 그녀는 그때부터 매일 집에 와서 30분씩 글을 썼다. 2년 만에 책이 완성되었다. 여기서 용기를 얻어 자기 사업을 시작했다. 자기가 좋아하는 일을 핵심으로 책을 냈다. 『90일 안에 책 쓰기』이다. 책이 알려지면서 강연 기회도 가지게 되었다.

　돈 없고 빽 없는 일반인이 현상을 타파하는 유일한 활로가 있다. 물론 이 활로는 스스로 찾아내고 걸어 나가는 것이다. 활로의 특성은 우선 자신이 무엇을 좋아하는지를 알아내야 한다는 것이다. 무엇이든지 인류 발전에 기여할 수 있는 것이라면 좋다. 그것이 작든 크든 문제가 되지 않는다. 그 다음은 좋아하는 것에 대해 지속적인 열정을 쏟아붓는다. 좋아하는 것에 대해 글로 써본다.

　자신의 콘텐츠를 우뚝 세우는 기회를 갖는 것이다. 글은 생각을 체계화(모델링)하는 것이다. 아무리 좋은 생각이 머릿속에 있은들 아직은 가치를 발휘 못 하는 상태이다. 저작권법에는 머릿속에 있는 것은 보호 대상이 아니다. 기호나 글로 표현되어야 지적 자산으로 보호받을 수 있다.

글로 남기는 것이 중요하다. 글을 쓰다 보면 자신이 얼마나 모르는 것이 많은지를 통감하게 되고 지식에 대한 애착이 더욱 깊어진다. 관심분야에 탐구 정신을 갖게 되며 남과 다른 차별화된 새로운 가치를 세상에 제안한다. 다른 영역의 지식과 자신이 좋아하는 영역의 지식을 겹쳐 새로운 지식 세계가 열린다. 이런 것들을 망라한다. 자신의 유일성이 형성된다.

자신의 콘텐츠는 가치를 인정받게 되고 적는 자만이 살아남는다. 하는 일을 개선하면서 이노베이션 기회를 포착할 수 있다. 아이디어로 일을 새롭게 해 나가야 한다. 내일 뜨는 해는 전혀 다른 새로운 해다. 매일 내가 하는 일에 새로운 아이디어를 못 낸다면 내가 속한 조직에 동맥경화증을 선사하는 꼴이 된다.

아이디어는 크거나 적거나 간에 나름대로의 가치가 있다. 적은 아이디어는 다음에 더 큰 아이디어를 위한 시발점이 되고 아이디어를 많이 내기 위해서는 남다른 노력이 필요하다. 내가 하고 있는 분야의 정반대 편에 있는 분야에도 관심을 가져본다. 각 분야에서 아이디어가 어떻게 조달되고 있는지를 눈여겨본다. 누구나가 아이디어를 낼 수 있음을 알 수 있다.

아이디어의 원천은 삶에 대한 진지함에서부터 나온다. 남의 이야기를 들으면서 메모를 잘하는 습관을 쌓을 필요가 있다. 메모는 아이디어의 원료 보급창이다. 메모들을 결합시켜 보거나 분해해 보면 새로운 아이디어를 얻을 수 있다. 메모 수첩 등을 모은다. 필요할 때 잘 찾아볼 수 있도록 정리가 되어있다면 금상첨화다. 아이디어를 창출할 수 있는 자양분을 비축한 것이다.

매주 글을 써서 일정한 시간대에 원고를 제출하는 한 사람이 있었다. 이 사람도 매주 이번 주만큼은 글을 쓸 수 없는 기막힌 사연이 발생한다. 급한 일이 생겨 시간이 없다, 피곤하다, 기분이 나쁘다, 정신이 산란하다, 아프다 등이다. 악마의 유혹들이다. 그러나 이런 역경을 이겨내고 글을 써서 냈다. 4년간 모은 글을 바탕으로 책을 냈다. 이 책이 전국적으로 2만여 부가 팔렸다. 각 기업체에서 강연 요청이 쇄도하고 있다.

현상타파를 위한 활로는 존재한다. 자신이 하고 싶은 것에 관해 지속적으로 콘텐츠를 만드는 것이다. 자신이 독립할 수 있는 콘텐츠가 필요하다. 차별화되고 체계화된 자신만의 콘텐츠를 형성해 나가는 것이다. 새로운 사람으로 태어나게 된다.

글쓰기의 즐거움을 가져라

지금 생각해 보면, 떠도는 생각이라도 잡아 놨더라면 하는 아쉬움을 갖는다. 아이디어 스케치를 많이 남겨두었으면 귀중한 나의 자산으로 남았을 것이다. 그림이나 다양한 다이어그램 등으로 표현한 나만의 상상자유공간을 형상화하고 보유하는 것이다. 스케치를 좀 더 상세하게 설계를 해서 글을 쓰면 글이 중복 없고 빠짐없이 그리고 빈틈없이 완성된다. 잘 쓴 글의 민얼굴이다.

글을 쓰면 좋은 점은 일일이 나열할 수 없을 정도로 많다. 자신의 지금까지의 모든 역량, 지식의 깊이, 견해, 가치관 등을 표현한다. 좀 더 잘 표현하고 싶은 욕망, 보다 더 효과적으로 표현하고 싶은 욕망이 생긴다. 글에 있어 군더더기를 빼고 복문을 단문으로 만들고 싶어진다.

각 문장에 악센트를 가미하고, 문장 속에서도 리듬(운율)을 넣고 싶어지고 아름다운 우리말도 사용하고 싶어진다.

글은 생각을 보이도록(visible) 정리한 것이다. 머릿속의 모든 것은 휘발성이다. 생각은 생각일 뿐이다. 생각은 저작권 보호 대상도 아니다. 뭔가로 직접 표현되어 있어야 한다. 생각의 존귀성을 기록으로 보존한다. 글을 쓰면 알고 모르는 것을 식별할 수 있다.

소크라테스는 학문의 시작은 아는 것과 모르는 것을 구분하는 데에서부터 시작한다고 했다. 글을 쓴다는 것은 학문의 시작점에 있는 것과 같다. 아는 것은 더욱 깊게, 그리고 더 잘 알 수 있는 계기가 된다. 글을 쓰면서 무엇을 모르고 있는지를 발견하게 된다. 글의 높은 완성도를 위해 욕심이 생긴다. 빈방을 만들어 놓는다. 그러면 빈방에 지식이 들어갈 수 있다. 더 이상 알 필요를 느끼지 못하는 경우 새 지식이 들어갈 공간은 없다. 보고 들은 것이 전부가 아님을 느낀다.

인생의 여백을 글로 제시한다. 여지의 공란을 남겨 둔다. 더나은 미래가 온다. 공란을 채울 때 그다음의 새로운 공란이 앞으로 나설 것이다. 다음 기회에 이 부분을 알 수 있다. 알고 싶은 욕구를 간직하는 것이 중요하다. 당장 알 필요는 없다. 그러나 호기심으로 남게 된다. 호기심은 인생을 한가롭게 내버려두지 않는다. 인생을 진지하게 만들어 놓는다.

글을 쓰면 균형감각을 가질 수 있다. 글은 둥글다. 한쪽으로만 바라보고 쓸 수가 없기 때문이다. 어느 것이 좋다 하면 그것이 아닌 것은? 그것이 아닌 것이 언급이 안 되었다면? 그래도

글에는 여백의 의미로 표현되었다고 본다. 그래서 글은 둥글다. 글은 쓰기도 재미나지만 읽기에도 더욱 재미난다.

좋아(또는 찬성)하지 않는 것들의 영역은 제대로 설정되었는가? 이 영역의 대척점對蹠點에 있는 모든 것들에 대한 느낌과 평가는 어떤 상태인가? 글을 써놓고 논리성으로 평가해 본다. 글을 쓴다는 것은 균형감각을 쌓을 수 있는 좋은 기회다.

글은 지식을 구조화할 수 있는 지름길이다. 글을 쓰면서 조금 더 상세하게 쓰고 싶을 때가 있다. 그때 상세한 부분이 지식의 구조화에서 하위에 속하는 지식 뭉치(sub-class)가 된다. 글을 쓰지 않은 상태에서는 무엇이 아래이고 무엇이 위인지 구분이 모호하다. 글을 써 놓고 보면 모든 것이 명쾌해진다. 무엇과 무엇은 어떤 관계인지를 확연히 알 수 있다. 또 현재 지식의 상태에 대해 검증이 가능하다. 지식의 현 상태를 무엇인가로 표시해 놓으면 완료성, 논리성, 적합성 등을 점검할 수 있다.

믿음과 신념을 글로 표현하라. 주위에 글로써 알려라. 더욱 강건해질 것이다. 글을 쓴다는 것은 창의의 즐거움을 누릴 수 있다. 남들과 다른 면을 보여 줄 수가 있다. 남들과 다른 시각을 유지할 수 있다. 그 시각을 더욱 값지게 키울 수 있다. 유일성을 가꿀 수 있다. 존재감을 느낄 수 있다. 남과 다른 나를 인식하게 된다. 나 자신을 진하게 느끼게 된다. 나의 견해가 탁월해질 수 있다. 자신이 작성한 글은 존재감을 확신시켜 준다. 나는 더 이상 2등이 아니다. 나의 견해는 나의 영역을 소유하고 있음을 인지한다. 글로 인해 진지한 대홧거리가 된다.

글을 쓰기 전 설계의 즐거움을 느낀다. 구현으로 연결되었을 때 그 즐거움은 더욱 커진다. 글에서 이해를 용이하게 전달하기 위해서 실사례를 들 수 있다. 실사례(instance)와 이론(class)을 연결시킬 수 있다. 여러 사례들 중에서 가장 적합한 사례를 하나 고르는 것도 즐거움이다. 서로 간의 장단점을 따져 본다. 글에서 표현하고자 의도를 가장 잘 함의하고 있는 사례는? 이를 선택하는 것이다.

다양한 어휘를 씀으로써 언어공간을 풍요롭고 윤택하게 한다. 어휘는 사용하면 사용할수록 는다. 사용하지 않으면 녹이 슨다. 더 지나면 잊힌다. 반면에 어휘를 많이 사용하면 인근의 유사한 것까지 졸고 있다가 깨어 일어난다. 다양한 언어를 사용하면 읽는 이, 듣는 이들이 즐겁다. 지루하지 않다. 적절한 언어를 선택하는 과정에서 고뇌의 즐거움을 느낀다. 다른 사람이 쓴 글을 읽으면서도 어휘에 탐이 난다. 아직 사용하지 않은 것들을 알 수 있다. 다음 기회에 새로운 어휘를 활용할 수 있다.

글쓰기는 사회적 성장에 도움이 된다. 인생을 업그레이드한다. 사회의 일원이 된다. 소통이 가능하다. 사회 에코시스템에 하나의 분자(particle)로서 역할을 한다.

이 사회는 글을 쓰는 사람과 그렇지 않은 사람으로 구분된다. 글 쓰는 사람은 효과적인 사회적 공감능력을 갖기를 원하는 사람으로 분류된다. 글은 자기의 것이다. 영원히 자신의 것이다. 재물은 자신의 것이었다가 자신의 손을 떠날 수 있다. 그러나 글은 그렇지 않다. 죽은 후에서야 비로소 자신의 것으로 홀로 남는다.

자서전 쓰기를 권함

요즈음 10대들은 어떤 책을 보는지 궁금했다. 점심시간이 지날 쯤, 20여 명의 10대들이 도서관에서 책을 보고 있었다. 그들 중 16명이 만화책을 보고 있었다. 만화책도 표현 방식과 기술이 진화했다.

그러나 만화의 본질은 그대로다. 실세계와 상상의 세계를 넘나든다는 것이다. 특히 만화를 즐기는 세대에게 필요한 것이 있다. 흥미 있는 분야를 발견해 그 분야를 좀 더 구체화시키고 그들의 생각에 대해 체계화시켜 나가는 것이다. 생각을 구체화시키고 스스로에게 자문자답해 보는 숭고한 방식이 존재한다. 생각을 글로 표현해 보는 것이다. 상상으로만 존재하는 실체는 곧 원형이 뭉개진다. 구분이 모호해지고, 왜곡되기도 하고, 혼돈되기도 하고, 기억에서 멀어지기도 한다.

가치판단 기준이 흔들릴 수 있다. 그때그때마다 달라진다고들 한다. 매일같이 그 원형이 변한다. 머릿속에 담겨 있는 것은 휘발성이다. 머릿속에 정보처리능력은 순간적으로 탁월할 수는 있다. 반면 길게 보면 저능하기 짝이 없다. 머릿속은 육고기로 구성되어 있다. 머릿속의 백만 불짜리 아이디어는 보호를 받지 못한다. 글로 표현되어 저작권 등 재산권으로 등록되어야 보호를 받을 수 있다. 머리가 가지는 정보처리 능력의 한계를 바로잡을 수 있다. 머릿속에 간직한 보물들을 스케치하여 놓는 것이다. 간단한 메모, 그림, 도표, 등이 함께 어울려지는 것이다.

논리 정연한 생각을 담으려면 간단한 메모를 뛰어넘어야 한다. 주제에 어울리는 구성으로 이룬 글이 되어야 한다. 글을 쓰면 이로운 점이 수없이 많다. 글을 쓰기 전에 주제를 명확히 한다. 쓰고자 하는 글 속에는 어떤 아이디어를 포함시킬 것인지를 결정한다. 탁월한 아이디어를 어떻게 펼칠 것인지 구상한다. 이런 것들이 어떻게 글 전체의 구성을 가져갈 것인지에 대해 설계를 하여 세부적으로 들어간다.

나의 아이디어에 대해 확인과 검증을 어떻게 할 것인가에 대해 이모저모 생각해 본다. 가장 적합한 방법대로 글의 구성을 잡는다. 설계는 글의 뼈대를 잡는 것이다. 뼈대를 점검해 본다. 가치를 품고 있는가? 읽는 이에게 어떤 가치를 전달할 것인가? 균형감은 있는가? 깊이는 적절한가? 현실을 왜곡하고 있지는 않은가? 처음 한 설계를 마음에 들 때까지 고친다.

글을 쓴 후 고치기는 어렵다. 집도 짓고 난 후 고치기가 어려운 것이나 마찬가지이다. 만족할 만한 수준의 설계가 되었다면 뼈에다가 글이라는 살을 입힌다. 타일 한 장 한 장 붙여 나가듯이. 거짓말도 하면 할수록 는다. 글도 마찬가지이다. 쓰면 쓸수록 는다. 글쓰기가 편해진다. 지금까지 살아오면서 글을 써본 적이 없는 사람이 대부분이다.

글 쓰는 것을 취미로 가진 사람이나 하라고 떠미는 것은 너무나 안타깝다. 글을 쓰는 사람들의 말은 이해하기가 편하다. 조리 있게 말하기 때문이다. 글쓰기를 통해 훈련되었기 때문이다. 설계가 얼마나 중요한 역할을 하는지에 대해 경험할 수 있다. 집 지을 때도 설계를 꼼꼼히 하게 된다. 소기의 목적으로 상대에게 자신의 생각을 펼치고자 할 때에도 성공 확률이 높다.

자서전 쓰기를 권한다. 후손에게 가장 값비싼 유산을 남겨주기 위해서이다. 삶의 지혜를 모은 자서전이 후세에게 귀중한 보물이 될 것이다. '어디어디에 금괴를 묻어놓았으니 찾아 써라'라는 것과 다름이 없다. 어떤 분에게 자서전을 쓰시라고 권하면, 나 같은 사람도 쓸 자격이 되겠냐 한다. 자서전을 쓰기 시작하면 이미 자서전 쓸 자격을 갖춘 것이다. 자서전 쓰는 데에 일생이 짧을 수 있다. 하루라도 먼저 써야 해 지기 전에 끝낼 수 있다.

일기가 모이면 좋은 자서전이 된다

인류문화사는 지금도 과거에서 미래로 흐르고 있다. 큰 원칙을 품고 있다. 사람들마다 임금이 되어 간다. 단지 사람마다 느끼는 속도감이 조금씩 다를 뿐이다.

핸드폰이 나오면서 수많은 전자제품 제조 공장이 문을 닫았다. 라디오, 텔레비전, 녹음기, 카메라, 전화기, 무전기 등 제조 공장이 그렇다. 타자기 공장도 마찬가지다. 타자기로 글을 쓰던 사람이 핸드폰으로 글을 쓴다.

핸드폰이 나오기 전인 지금부터 30여 년 전쯤에는 자서전을 쓰는 사람이 만 명에 한 명 꼴이었다. 컴퓨터의 워드프로세스는 접근하기가 어려웠다. 자서전에 대한 인식도 낮았다. 현재는 글을 쓸 수 있는 여건이 잘 갖추어져 있다. 손바닥 안의 핸드폰에다 마음껏 글을 쓸 수 있다.

자서전은 누구나 쓸 수 있다. 그뿐만 아니라 일생에 한 번만 쓰는 것이 아니다. 여러 번 쓸 수도 있다. 시간을 가지고 집중적으로 쓰는 것이 아니라 핸드폰 속의 수많은 사진도 들어간다. 자서전을 책으로 출간해야 할 필요도 없다. 책으로 내더라도 10권 정도만 인쇄할 수도 있다. 자서전 안에는 글이 없어도 된다. 목소리만 또는 동영상만 담고 있어도 된다. 뉴미디어 위주로 만들어질 수도 있다. 카톡에 담겨있는 대화 내용들도 좋은 부품과 소재가 된다.

자서전은 한 인간에 대한 이야기를 그 당사자가 기획하고 쓴다. 어떤 법칙이나 형식이 없고 분량이 어느 정도 되어야 한다는 법도 없다. 공개되지 않아도 된다. 자신이 살아온 지금까지를 정리해 보고 싶을 때 자서전은 특히 유용하다.

자신을 되돌아본다. 그러면 더 나은 미래 자신의 모습을 그려 볼 수 있다. 자서전이 주는 최대의 선물은 자신을 정리해 보는 시간을 스스로 갖는다는 것이다. 그뿐만 아니라 자료 등도 정리 정돈해 놓을 수 있다. 과거를 회상하면서 그때의 그곳을 자유롭게 스케치해 본다는 것은 매우 흥분되는 것이다. 과거를 회상하다 보면 그곳에 잊힐 뻔한 과거가 살아나는 것을 경험하게 된다. 과거 회상은 치매 예방에 결정적이고도 직접적인 도움을 준다.

자서전을 쓰다 보면 자신이 가지고 있는 잠재 역량을 발견하는 계기를 가지게 된다. 남보다 많거나 큰 역량을 필요로 하는 것이 아니라 남과 다른 나만의 주제 영역에서 조그마한 관심사항과 역량을 발견하는 것이 중요하다.

자서전에 도전하다 보면 이러한 숨어 있는 문제들을 하나씩 극복해 나가는 자신을 발견하게 된다. 목차를 생각해 보는 것 그 자체만으로도 행복감을 느낄 것이다. 10년 걸릴 자서전 쓰기도 오늘 제대로 시작해야 10년 후에 끝낼 수 있다. 시작을 미룬다면 자서전의 유용함을 맛볼 수 있는 기회를 그만큼 늦추게 될 것이다. 자신이 발견한 자신의 관심 사항을 귀중하게 여겨야 한다.

　　관심 사항이 있다는 것은 인생의 항로를 제대로 잡았다는 것이다. 항해하는 배가 가고자 하는 항구와 그곳까지의 항해 환경을 정확하게 알고 있는 것과 같다. 자서전에는 글의 양에 제한이 없다. 글은 많아도 좋고 전혀 없어도 된다.

　　자서전은 자신을 반추해 보는 유용한 일거리가 된다. 자서전 쓰기에 도전해 보자. 인생 항로가 새롭게 또 더욱 선명하게 보일 것이다.

재미나게 사는 방법을 창작하라

4차 산업시대 특징 중 하나는 일자리가 줄어든다는 것이다. 스마트폰이 없었던 시절, 회사에 설치된 이메일 함을 열어 보려면 퇴근 시간 이후에라도 꼭 회사로 가야만 했다. 지금은 스마트폰에서 이메일을 열어 볼 수 있다. 스마트폰이 PC로 하는 일 중 80% 이상을 대신한다. 사무실이 꼭 도심지에 있어야 한다든지 잘 꾸며놓아야 한다든지 등 사무실에 대한 가치관이 변하고 있다.

스마트폰 속으로 수많은 전자제품들이 빨려 들어갔다. 라디오, 텔레비전, 녹음기, 카메라, 캠코더, 전화기, 무전기, 타자기 등이다. 목수들이 수평을 볼 때 사용하는 수평기도 스마트 폰으로 대체할 수 있다. 수많은 전자제품, 이들을 팔고 A/S 해주는 등의 직업이 없어져 버렸다. 그래서 스마트폰이 발전할수록 일자리는 줄어든다.

4차 산업혁명 시대에 이미 접어들었다. 일자리가 없어지고 있는 현상을 따져보면 알게 된다. AI가 생활 속으로 점점 파고 들어 온다. AI 때문에 상당한 부분에 일자리가 사라지고 있다.

다이렉트 손해보험이 한 사례가 된다. 다이렉트 보험 시장 점유율이 40%를 상회한다. 결국 전체 손해보험 보험설계사들 중 20%를 AI가 대신하고 있다. 그만큼 일자리가 줄어든 것이다. 콜 센터 직원들도 줄어들고, 대형 유통 몰에 근무하는 판매 사원도 줄어 들고 있다. AI가 그 일을 대신하고 있기 때문이다. 온라인 쇼핑몰들 속에는 AI가 움직이고 있다. 우체국 창구 직원도 줄어들고 있는 추세다. 우체국에 마련된 키오스크가 창구 직원의 손을 덜어 주고 있다.

최근 사회적 관심을 끌고 있는 소송사건에 변호사가 14명이나 된다고 화제가 되고 있다. AI가 소송 업무에 깊게 관여하고 있는 미국에서는 소송팀에서 변호사 수를 줄이고 있다.

몇몇 예에서 살펴보듯이 4차 산업 혁명은 이미 우리 경제사회에 깊게 스며들어 와 있다. 일자리를 찾는 이들에게 방향을 바꾸기를 권면한다. 더 이상 만들어 놓은 좋은 일자리는 없다. 각자가 미래형 일거리를 찾아야 한다.

성공하기까지는 각고의 노력이 필요하다. 영어 콘텐츠 창작 제공 업무에 도전해 볼 만하다. 영어로 창작된 콘텐츠를 많이 접촉하면 친숙하게 된다. 어느덧 자신감을 가지게 된다. 초등 학생용 수학을 재미나게 익히고 훈련할 수 있는 콘텐츠를 만드는 것도 하나의 예가 된다. 콘텐츠에는 도서, 애니메이션, 만화

등 장르가 다양하다. 우리나라에서 최근 유행하고 있는 유튜브 접속자 수가 기하급수적으로 늘어나고 있다. 이러한 유튜브들이 영어도 제공된다면 4차 산업혁명 시대에 주인공이 될 수 있다.

4차 산업혁명 시대, 주요 키워드는 일자리가 아닌 일거리이다. 그 일거리는 나만이 할 수 있는 창의적인 장난감일 수 있다.

듣는 사람을 위해 쉽게 말하라

　말은 하기 쉽다. 그러나 말을 정확히 알아듣기는 어렵다. 장소가 특정된 이야기를 말하기는 쉽지만 듣는 사람에 따라 그 장소가 조금 달라질 수 있다. 어느 네거리일지라도 그 네거리를 진입하는 방향이 서로 다를 수 있기 때문이다. 듣는 사람이 머릿속에 그리고 있는 네거리와 다르다. 그래서 말하는 사람이 전하고 싶은 교통사고 목격담을 이해하기가 어렵다. 대개는 겉치레로 표정을 짓는다. "그래, 당신 말 이해해." 장소를 특정하고 하는 말도 이렇게 어렵다.

　이야기 주제에 어떤 장소나 시각이 특정되지 않는다면 어떻게 될까? 말을 듣는 상대방은 이해하기가 어려울 것이다. 형이상학적인 주제로 말을 한다면? 더욱 듣는 사람은 제멋대로 가게 된다. 듣는 사람이 쉽게 받아들이도록 말을 해야 한다. 말하는 사람이 어떻게 하면 쉽게 이해할 수 있을까?

　말하고자 하는 내용이 듣는 사람에게 어떤 가치를 전달하는 것인가를 곰곰이 생각해 보자. 듣는 사람이 흥미나 관심을 가지면 귀가 뚫리게 된다. 듣는 사람에게 가치가 있다고 느끼도록 서두를 여는 것이 좋다. 듣는 사람의 집중도가 높아진다. 이해력을 높일 수 있다.

말하는 사람과 듣는 사람 간에 동시성(싱크로나이즈)이 작동하면 좋다. 동시성이 작동하려면 지향하는 방향이 유사하다든가, 공동의 관심사, 사물로부터 반응하는 모습과 태도(텐스), 시대정신 등이 유사하다면 동시성을 유발하기는 쉬울 것이다. 듣기 쉽게 말하기 위해선 동시성을 유발할 수 있는 환경을 구축한다. 서두에 조커 한마디가 유용할 수 있다.

추상화 수준을 맞춰야 한다. 어떤 사람의 말은 너무 추상적이어서 알아듣기가 어렵다고 한다. 이때 추상적이란 말은 추상화 수준이 나에게는 맞지 않다는 뜻이다. 그래서 이해하기가 어려웠다는 것이다. 대개는 구체적인 것이 없어서 이해할 수 없다는 뜻이다.

초등학교 교과 내용은 추상화 수준이 높다. 중학교 교과 내용은 초등학교에 비해 조금 더 추상화 수준이 낮아진다. 동일한 주제를 가지고도 추상화 수준을 어느 정도로 조율하여 말한 것인지를 결정할 수 있다. 듣는 사람이 원하는 추상화 수준을 파악한다. 그 수준에 맞는 말로 구성하여 전달해야 할 것이다.

색깔을 이야기할 때 추상화 수준이 높은 경우는 3색이나 6색 정도로 말한다. 추상화 수준이 아주 낮은 경우라면 전문가들이 사용하는 색채 코드 번호를 거론하는 경우가 된다. 말하는 도중 '쉽게 말하면', '간단히 말하면' 등을 거론할 필요가 없다. 그렇게 말하면 되기 때문이다. 듣는 사람이 쉽게 이해하기 위해서 빠짐없이, 중복되지 않게 말해야 한다. 말하는 사람은 머릿속에 말하는 구조와 수순을 잘 설계해 놓아야 한다.

세 가지만(또는 세 가지로) 말하겠다고 하고 하나씩 말하는 것도 좋은 방법 중에 하나다. 발음은 정확하게, 빠진 말이 없도록 주의해야 한다. 말을 다 한 다음 빠진 것이 있어 다시 말하겠다 하면 어색해진다.

전달하고자 하는 말의 내용이 적절한가를 자가 평가해 봐야 한다. 오류가 없는지 점검해 본다. 앞의 말과 뒤의 말이 서로 상충되지는 않는지도 점검해 본다. 듣기 쉽게 말하기 위해 앞의 말과 뒤의 말이 서로 상충되지 않음을 밝히는 것도 좋다.

듣는 사람 입장에서 복잡하다고 느끼는 경우, 전하고자 하는 내용을 부품화시킨다. 부품 하나씩 하나씩 쪼개서 낱낱이 설명한다. 아무리 복잡한 내용일지라도 잘 쪼개 놓고 보면 이해하기가 용이하다. 그러나 쪼개는 것이 기술이다. 잘 쪼개야 한다.

자동차 엔진을 둘로 쪼개 각각 부품으로 취급하는 어리석음을 보지 못한다. 쪼개서 득이 되지 않을 것은 쪼개지 않는다. 부품들이 어느 정도 만들어졌으면 다음으로는 각각을 설명하는 순서가 중요하다. 어느 것을 먼저 말하느냐, 순서가 좋아야 한다.

이것이 듣는 사람을 쉽게 이해하게 만든다. 포괄적인 개념을 전달하고자 하는 부품이 있다면 이것이 먼저 전달되어야 한다. 그래야만 다음에 전달할 부품들을 말할 때 중언부언하지 않아도 된다.

어느 부품 하나를 설명하기가 정 어려우면 블랙박스화시켜 놓는다. 블랙박스는 속이 보이지 않는다. 박스 포장에 쓰여 있는 것을 그대로 받아들이는 것이다. 민법에 친족, 상속 이런 부품들이 있다. 어느 부품을 먼저 설명하는 것이 좋을까?

듣는 사람의 반응을 읽으면서 재미나게 말을 이어 나간다면 듣기 쉽게 말하는 자신을 발견하게 될 것이다.

어떤 수험에도 떨어지지 않게 하는 사과

일본 홋카이도 남쪽 어느 시골 농장의 사과 90% 정도가 태풍으로 떨어졌다. 이 농부는 역발상을 했다. 남은 10%의 사과는 태풍에도 떨어지지 않은 사과가 아닌가. 수험생들에게 '떨어지지 않는 사과' 라고 하면서 팔면 어떨까. 뉴스에서는 그쪽 지방에 강력한 태풍이 왔다고 전 국민에게 알렸다. 다음 날 동경 일류 백화점에 이 지방 사과가 출시되었다. 어떤 수험에도 '떨어지지 않는 사과' 의 정가는 보통 사과보다 열 배 비쌌다. 역발상의 교과서 격이다.

청년실업의 심각성 정도가 지금이 그나마 낫다는 끔찍한 미래가 다가오고 있다. 청년실업자 수가 150만 명으로 사상 최고치를 갱신하고 있다. 사회 변화에서 가장 먼저 체감하는 것이 청년실업이다. 변화를 멈추게 할 수는 없다. 변화에 능동적으로 순응하여야 한다. 발상發想이 상시 일어나야 한다. 발상을 열심히 해도 소기의 성과를 얻지 못한다면 발상력을 높여야 한다.

발상은 상을 발하는 것이라는 뜻이다. 상은 이미지이다. 상은 기존에 존재하는 모든 것과 존재하지 않으나 상상에 의한 것이 대상이 된다. 이를 객체(object)라고 한다. 발은 유의미한 새로운 것들을 끌어내어 추구하는 목표(subject)를 이루어 가는 과정이다. 발상은 디자인의 일부분이다. 역발상은 지금까지의 발상과는 차이가 나는 또 하나의 발상이다. 차이는 기발함, 참신함 등의 정도로 나타낸다.

역발상을 잘하는 사람들의 공통점으로는 발표를 잘한다. 관심 있는 분야를 알아내고 눈높이에 맞는 내용을 구현한다. 역발상에는 이미지들이 재원이다. 이미지들을 어휘라고 봤을 때 어휘력이 풍부한 경우 효과적인 커뮤니케이션을 이룰 수 있다. 같은 이치로 이미지가 풍부한 사람이 역발상을 잘할 수 있다. 글쓰기를 즐긴다. 발상을 완성하는 공정과 글쓰기의 그것이 같다. 논리적, 수치적 응용과 표현에 강하다.

취사선택을 객관화하기 위해선 엄밀한 정형화 과정이 필수 요건이다. 역발상을 잘하는 이들은 매사에 적극적, 긍정적이며 생의 의욕과 기운이 넘치고 호기심이 많다. 다양한 책을 읽으며 자신감이 충만하다. 유연한 사고, 좌뇌와 우뇌가 균형 발전을 하고 있다. 인문학적 지평이 넓어 시대정신을 읽을 수 있다. 문제를 잘 발견한다. 각 분야에는 원리와 원칙이 있다. 이것을 체득하게 해야 한다.

그다음은 이것을 바탕으로 활용하고 응용할 수 있게 해야 한다. 암기를 하게 해서는 안 된다. 암기하는 것은 발상력에는 손상을 입힌다. 특히 청년들에게 이미지를 풍부하게 접하고 생각하게 하고 전개시킬 수 있는 환경과 계기를 마련해 주어야 한다.

질문은 지혜의 밭을 가는 것이다

　인간관계를 개선할 때 좋은 질문으로 노크하자. 질문을 한다는 것은 상대와 대화를 통해 둘 사이의 존재 의의意義와 가치를 증진시키자는 것이다.

　질문은 질문을 받는 상대를 대화 상대로 인정하고 있으며 관심을 가지고 있다는 표시이다. 한국사회는 날로 의사소통이 어려워지고 있다. 보수와 진보는 서로가 대척점이 되어 첨예하게 대립되어 가고 있다. 효과적인 의사소통이 대립각을 해소시켜 나갈 수 있다. 좋은 질문과 다양한 질문이 허용되는 사회를 창출할 필요가 있다.

　좋은 질문이 말라가고 있다. 현행 대학 입시 체제는 학생들에게 질문이 필요치 않게 되어 있다. 학생이 선생에게 질문하면 문제지에 있다거나 그것은 수능시험에 나오지 않는다고 핀잔만 준다.

　우리 사회는 알게 모르게 사회적 서열이 자리 잡고 있다. 좋은 질문을 거리낌 없이 하고 싶은 욕구를 스스로 억제한다. 질문을 할까 말까 심사숙고 중이다. 하루에 몇 번 질문했는가? 또 하루에 몇 번 질문을 받았는가? 질문을 권하고 스스럼없이 질문하는 사회, 그러한 기초사회가 건전한 사회로 가는 바탕이 된다. 좋은 질문을 하자. 먼저 스스로에게 하는 질문 몇 가지를 간추려 본다.

5년 후 나의 모습은 어떤가? 나의 삶 중 어느 부분에 지금 안주하고 있지 않는가? 무슨 문제를 지금 풀려고 하는가? 무엇 때문에 내가 하고자 하는 것을 못 하고 있는가? 시간을 내서 배우고자 하는 것은 무엇인가? 오늘 내가 누구를 또는 무엇을 더 낫게 만들었는가?

좋은 질문은 몇 가지 특징을 지니고 있다. 상대에게 자발성을 촉발시키고 상대를 궁지에 몰아넣지 않는다. 즐겁게 대답할 수 있는 여지를 마련해 논란을 야기하거나 논쟁을 조장할 우려가 있는 경우 정리를 잘하여 순서껏 질문한다. 질문의 요지를 쉽게 이해할 수 있도록 배려한다. 연속해서 다음 질문이 무엇이 될지를 예측하게 해 대답하는 사람이 중복 없이 또 빠짐없이 순차성 있게 말할 수 있도록 배려하여 질문한다.

좋은 질문의 예를 들어 본다.

10억만 가지면 좋은 일을 해보겠다는 사람이 있다. 그 사람에게 질문을 한다.

"10억에서 1원이 모자라는 상태라면 그 좋은 일을 안 하겠습니까?"

"그 정도라면 좋은 일을 하는 데 지장이 없을 것입니다."

"1원이 모자라는 상태에서 다시 또 1원이 모자란다면 어떻게 하시겠습니까?

"좋은 일을 하겠습니다."

이렇게 1억 번을 물어 본다. 결국 돈이 어느 수준이 안 되어서 좋은 일을 못 하는 것이 아님을 알 수 있다.

세상을 아름답게 또 행복하게 만들 수 있는 지식과 지혜는 아직 만들어지지 않았다. 다만 각자의 머릿속에는 단편적인 지혜만 있을 뿐이다. 질문은 이들을 한데 어울리게 만들 수 있는 끈과 풀이다. 어린이들에게 질문을 유도하자.

많은 질문을 하는 어린이들은 사회의 일원이 되는 첫 관문을 통과 하고 있는 것이다. 좋은 질문이 많은 사회는 몇 가지 가능성이 있다.

좋은 질문은 상대를 존중하게 된다. 상대의 말을 귀담아 듣는다. 좋은 질문이 넘나드는 사회는 의사소통에 있어서 이미 50% 이상 성공한 사회이다.

질문은 지식의 문이다

이스라엘 부모들은 아이가 학교 다녀왔을 때 꼭 한 가지 묻는다. "너 오늘 학교에서 선생님에게 무엇을 질문했니?" 질문 내용을 듣고는 더 좋은 질문을 할 수 있도록 노력하라는 격려를 한다. 지식을 쌓으려면 질문을 잘해야 한다. 한국에서 질문 시장의 품질은 어떤가?

서울 유명 여자사립대를 졸업한 사람의 증언을 들었다. 자신이 4년 재학 중 수많은 수업이 있었다. 140학점을 따고 졸업을 하였다면 50개 과목 이상을 한 학기씩 수강을 한 셈이다. 총 수업 횟수는 600여 회가 된다. 이 많은 시간 중 단 한 번도 질문을 하는 학생이 없었다는 것이다. 질문을 직업으로 삼는 기자도 마찬가지다.

오바마 대통령이 서울 삼성동 코엑스에서 각국 기자들과 기자회견을 했다. 마지막 질문을 이번 국제행사에 노고가 많은 한국기자에게 질문권을 주겠다고 했다. 50여 명 한국 기자 중 어느 누구도 질문을 하지 않았다.

오바마는 다시 한번 취지를 설명하고 한국기자에게 질문할 기회를 줬다. 그래도 묵묵부답이었다. 이 회견에서 오바마는 무려 일곱 차례나 한국 기자에게 질문을 권유했으나 질문자는 없었다. 이를 호시탐탐 노려본 중국 기자가 아시아를 대표하여 자신이 대신 질문하겠다고 나섰다. 가짜 뉴스를 만들거나 퍼 나르는 기자들의 모습이다.

질문을 잘하고 질문에 수줍어하지 않는다면 가짜뉴스를 만들 시간이 없을 것이다. 수줍어하지 않으면서 질문을 당당하게 하는 미래 인재들이 많이 길러졌으면 한다. 유치원 다니는 손자의 질문을 받았다. 기성세대들이 얼마나 본질을 가볍게 여기고 있는지 반성하는 계기가 되었다.

아이들 입장료가 왜 어른들보다 싸요? 차등 입장료에 대한 본질을 곰곰이 생각해 본 적이 있는가? 비싸다 싸다고만 따졌지 신분별 차등의 본질을 파악하는 데에는 소홀했었음 느끼게 했다. 입장료 차등의 본질은 국가의 선별적 지원, 사회적 약자에 대한 대우, 시설 이용도의 차이, 동반자 덤에 따른 할인 등 여러 사유가 있다. 손자의 질문은 유익함과 즐거움을 가져다주었다.

또 하나의 질문은 달력에 토요일을 왜 푸른색으로 했어요? 어렸을 적부터 익히 보아온 달력, 이런 질문을 하지 못한 자신이 부끄럽게 느껴졌다. 토요휴무제가 있기 전에는 토요일을 반공일이라 했다. 완전 공일은 붉은색으로 표시하고 반공일은 푸른색으로 표시했다. 지금은 반공일이 없어졌다. 아직도 반공일 표시를 하는 달력에 대해 의문을 가지지 않았다. 또 색깔을 꼭 푸른색으로 해야 하나 하는 의문 역시 갖지 않았다. 손자의 질문에 허둥지둥 답했다. 토요일을 푸른색으로 표시한 이유는 토요일에는 기분 좋게 지내라고 한 것이라고 에둘러 답했다.

손자의 촌철살인 격의 질문은 계속되었다. 늦은 가을 잎이 진 매실나무를 가리키며 왜 이 나무는 소나무처럼 솔잎이 없어요? 나무 종류들은 크게 둘로 구분된다. 침엽수와 활엽수로. 매실나무는 활엽수이니까 침엽수와 같은 잎을 가지지 않는다고 정도만 알고 있다가 뒤통수를 얻어맞는 느낌을 가지게 되었다. 건기에도 잎이 나무에 붙어 있으려면 수분증발을 최소화해야 한다. 그래서 잎이 침처럼 되어야 한다. 활엽수인 사철나무 동백나무는 건기에도 잎이 붙어 있다. 대신 잎에는 수분증발을 최소화하기 위해 코팅이 되어 있다.

손자의 당돌한 질문 때문에 느끼는 점이 있었다. 본질에 대해 더 지식을 제대로 쌓아야겠다는 계기를 가지게 되었다. 고정관념에 둘러싸여 있는 자신을 돌아보며 부끄럼을 느꼈다. 알고 있는 것도 다시 한번 이치를 따져 봐야 한다.

평판도 좋고 연구 내용이나 실적도 좋고 많은 한 교수가 있었다. 그런데 이 교수는 매일 늦게까지 연구실에서 연구 활동을 했다. 한 제자가 물었다. "갖출 것 다 갖추신 교수님이 왜 늦게까지 연구실에 계십니까?" 교수가 답했다. "내일 강의시간 학생들에게 고인 물을 떠먹이고 싶지 않아서이네." 하고.

알고 있는 지식도 현재화하지 않으면 혈관 속의 굳은 혈전처럼 변한다. 좋은 질문은 동맥경화 되어가는 사회를 참신하게 되돌리는 유용한 도구가 된다.

추상적 사고를 많이 하여야 한다

유태인들은 추상적 사고의 수준이 탁월하다. 유태교에는 신을 구상화해 놓지 않았다. 신은 정신세계에 존재한다. 유태인들은 추상적 사고를 하는 기회를 종교 활동을 통해 갖게 되었다. 유태 민족은 인구 비례 노벨과학상을 가장 많이 받았다. 전세계 노벨상 수상자의 22%가 유태계이다. 유태인들이 머리가 좋아서가 아니다. 머리를 잘 쓰도록 교육이 잘되었기 때문이다.

유태인들의 교육이 질적으로 우수하게 된 몇 가지 요인을 들수 있다. 창의적인 질문을 권장한다. 학교에서 돌아온 아이를 부모가 반갑게 맞이하면서 제일 먼저 오늘 선생님에게 질문한 것이 무엇이었는지 묻는다. 질문을 통해 추상적 사고력이 커지고 있음을 감지할 수 있다. 추상적 사고력은 교육을 통해 갖춰지는 것이 아니다. 스스로 갖추어 나가는 것이다.

얼마나 효과적으로 질 높은 추상적 사고를 할 수 있느냐가

관건이다. 학교와 가정의 협업으로 초등학교 아이들의 추상적 사고를 길러 주고 있다. 무제한 토론을 하게 하여 토론을 통해 말하기의 훈련을 한다. 자신의 지적 한계를 알아차려 자신이 알고 있는 지식들을 융복합시켜 보는 기회를 갖는다. 추상적 사고를 통해 새로운 영역을 넓혀 나간다. 인근 지식들과의 연결과 융합을 통해 새로운 지식을 유추해 본다.

토론은 소리 내어 한다. 옆 다른 학생들의 토론 소음에도 불구하고 자신의 파트너와 토론에 열중한다. 토론을 통해 많은 것을 느끼게 한다. 보다 더 정교한 논리를 개발한다. 부족한 분야의 지식을 점차 완비하게 된다. 추상적 사고를 하는 기회가 많아야 한다.

지구의 모양과 달걀의 모양을 대비해 본다. 지구의 껍질은 식어 있으나 좀 더 깊게 들어가면 용암으로 되어 있다. 지각은 5~30킬로미터 두께로 되어 있다. 달걀의 껍질 정도를 지나면 바로 용암층이 나오는 것이다. 흰자는 맨틀, 노른자위는 핵으로 대비할 수 있다. 비례감을 가지고 지구의 단면을 상상한다. 지식을 암기할 수는 없다. 다른 지식과 연관하여 응용도를 높일 수 있다.

한국의 학교 교육은 추상적인 사고력을 높이지 못하고 있다. 객관적인 성적 관리라는 암초가 있다. 초등학교 3, 4학년부터 수학이 싫어진다. 눈에 보이지 않는 수를 다루기 시작한다. 추상적 사고를 할 수 있는 학생은 점점 어려워지는 수학 진도를 따라간다. 지금껏 보지 못한 것을 상상할 수 있는 능력을 요구한다. 이 능력을 기르는 데에 수학이 유용하다.

수학을 포기하는 학생이 날로 늘어나는 추세이다. 가계부 정도 계산할 수 있으면 된다고 한다. 수포자는 추상적 사고력을 체계적으로 기르는 체험을 피한다. 상상할 수 없는 큰 수나 아주 작은 수를 상상하는데 머리 아프지 않고 즐겁게 할 수 있어야 한다. 수학을 추상적 사고력을 키우는 데에 유용한 과목으로 간주해야 한다.

10여 명의 중학생들이 도자기 체험학습을 한다. 진흙을 가지고 마음대로 무엇인가를 만들면 그것을 가마에 구워 집으로 보내 주는 프로그램이다. 모든 학생들이 눈에 보였던 무엇을 만든다. 대개는 머그컵을 만든다. 보이지 않았던 상상의 어떤 실체를 만드는 학생은 단 한 사람도 없다.

추상적 사고력을 기르는 훈련은 학부모들에게 인기가 없다. 학교 성적을 올리는 것과 무관하기 때문일 것이다. 대학 입학하고 또 취직할 때까지 예상문제를 풀이하는 한국의 젊은이들이다. 추상적 사고력은 지식의 구조를 넓게 유지시켜 주며 갖춘 지식의 유용성을 높여 준다. 필요한 지식을 스스로 만들어 낼 수 있다.

필요한 지식이 멀리 있는 것이 아니다. 아는 지식을 폭넓게 사용하지 못하는 것이 더 큰 문제이다. 문제해결에 있어 다양한 해결안 창출을 기대한다.

추상화 성공의 길

뉴욕 메트로폴리탄 박물관은 센트럴파크 동편에 있다. 서울로 말하면 그린벨트 지역을 잘라 특수시설을 만든 격이다. 센트럴파크 지역을 용도변경하고 그곳에 박물관을 지었다. 국립중앙박물관에 비해 3배 정도는 크다. 현대화 전시실 해설사는 연신 추상(앱스트랙트)이라는 말을 사용한다.

추상이란 뜻은 실물이나 사람처럼 보이지 않는 형상이나 이미지를 포함하는 그림, 디자인 등을 말한다. 피카소가 그리는 그림을 추상화라고 한다. 의사소통을 잘하기 위해 사용하는 방법으로 추상화 기법을 사용한다. 미술에서의 추상화와 의사소통을 위한 추상화에서 추상의 의미는 같다.

미술에서 추상화의 결과물은 그림으로 남는다. 의사소통을 위한 추상화는 여러 종류의 미디어로 남는다. 추상화는 왜 필요한가? 커뮤니케이션에 있어 추상화는 독과 약을 함께 준다. 잘 쓰면 약이요, 못 쓰면 독이 된다.

바벨탑을 쌓는 이야기가 구약 성서에 있다. 높은 탑을 쌓아 하늘에 닿고 싶었다. 탑을 무너트렸다. 탑을 쌓던 인류들에게 각기 다른 언어를 주었다. 그래서 서로 간 소통에 어려움을 줬다. 이것을 역발상적으로 풀어보면 인간들 간에 소통을 잘하면 인간들이 하나님과 맞장 뜰 수도 있다는 의미다.

미래를 예측하고 시장의 요구를 간파하고 이를 미리 준비한 사람이 성공하고 있는 것도 소비자와 커뮤니케이션을 잘하고 있기 때문이다. 커뮤니케이션에 있어 효율성을 위해 추상화가 필요하다. 대화 도중 상대방의 말이 추상적이라고 말하는데 이는 잘못된 표현이다. 추상화 수준이 너무(대개는) 높아 또는 너무 낮아 내가 원하는 수준의 의미가 아니다, 가치로 받아들이지 못하고 있다는 것이다.

추상화 수준이 낮은 상태에서 전달되는 경우에는 너무 상세하여 진창에 빠진 모습이다. 내가 왜 이 이야기를 듣고 있어야 하는지를 모르거나 너무 세세하여 지루하게 느껴진다. 십 대들, 특히 여자아이들이 이야기하는 것을 들어보면 추상화 수준을 아주 낮게 하여(조정) 재미나게 이야기를 끌고 가는 예가 있다. 성대모사까지 하면서 또 모션도 그대로 옮겨 가면서 이야기한다. 이렇게 이야기를 하는 것은 효율적이지 않지만 친구들끼리 재미는 있다. 시간 보내기에 적절하다.

추상화란 세부사항에 빠져들지 않고 문제의 핵심 측면에 집중할 수 있도록 원하는 수준에서 일반화를 위한 주어진 문제에 대한 설명이라고 할 수 있다. 역추상화는 추상화된 것을 추상화 수준을 낮춰 상세성을 갖추는 것이다.

헌법과 법률들 간에는 추상화로 조직되어 있다. 헌법 내용이 법률항목으로 표현되지 않는다. 법률 내용이 헌법에 끼어들지 않는다. 의미와 내용에 따라 각기 있어야 할 자리가 다른 것이다. 법률의 시행령에 대해 해당 상위 법령이 추상화되어 있다. 민법의 구성도 철저하게 추상화되어 있다. 책의 목차도 추상화 기법에 따라 조직되어 있다. 중간 수준의 항목들은 소항목들의 의미를 일반화한 것이다.

신문기사도 추상화 기법을 잘 활용한다. 기사의 첫 문장이 기사 전체를 일반화한다. 리더문이라 한다. 점점 구체화시킨다. 신문기사를 신문 해당 면에 편집할 때 사정에 따라 배정되는 면적이 줄어들 수가 있다. 이때 뒤에서부터 어디를 자를지라도 기사가 무너지지 않고 제 의미를 전달할 수 있도록 하기 위함이다.

초등학교 교과서는 중등학교 교과서에 비해 추상화 수준이 높다. 학교의 급이 높아질수록 추상화 수준이 낮아진다. 상세해진다. 추상화를 잘 활용하면 의사소통에 성공한다. 말을 하기 전에 머리 속으로 설계를 한다. 추상화 기법을 이용한다. 효과적인 추상화 수준을 정한다.

수준에 맞추어 해당 수준 아래에 존재하는 것을 일반화한다. 추상화를 이용한 커뮤니케이션에 대해 복기를 해본다. 반성을 한다. 어디를 고치면 더 좋아질 것인지를 검토한다. 제3자의 코멘트를 들어 본다. 더 좋은 추상화를 시도해 본다. 의사소통의 달인이 된다.

제3편 _ 법고창신法古創新

개혁을 위해 리더십을 발휘하라

4차 산업혁명 시대 대처법

최근 미국 피츠버그에 있는 조그마한 자동차 박물관을 방문하였다. 그곳 로얄석에 오래된 자동차 한 대가 자리 잡고 있었다. 이 자동차에 관해서 문헌을 통해 익히 알고 있었으나 실물을 보니 감회가 새로웠다. 모델명 'T카' 이다. 2차 산업혁명 시대를 밝힌 총아이다.

1910년대 맨해튼 거리에는 마차가 즐비했다. T카가 나오고 나서 이 거리에 마차가 사라졌다. 포드사는 이 차의 대량생산 체계를 구축하고 아담 스미스의 분업론을 철저히 따라 자동차 구성품은 규격화했다. 자동차 조립을 공정별로 구분하여 각 공정 간에는 컨베이어 벨트로 연결하였다. 이렇게 완성된 자동차의 가격은 당시 자동차 가격의 5분의 1 정도였다.

2차 산업혁명을 주도한 미국의 국력은 제조업을 중심으로 크게 신장할 수 있었다. 이런 이유로 세계 1차 대전에서 신흥국 미국이 제 역할을 제대로 수행할 수 있었다. 이 이후 미국은 구대륙 국가들에 대해 세계 지도국가로 자리매김을 하게 되었다.

요즈음은 4차 산업혁명이란 화두가 사람들의 입에 회자되고 있다. 2차 산업혁명의 사례에서 보듯이 있는 기술을 먼저 새롭게 적용하는 사람이 그 사회의 리더가 될 수 있다.

피츠버그는 120여 년 전 철강도시로 구대륙의 이민자들이 몰려왔다. 잡Job 천국이었다. 철강왕 카네기는 미래 사회에 대비하기 위해 철강 산업에서 번 돈으로 인재 육성을 했다. 그 비전이 요즈음 결실을 맺게 되어 카네기 멜론대학교는 매년 유능한 인공지능 전공자들을 많이 배출한다.

그러한 이유로 구글은 문을 닫고 황폐화되었던 제과공장 건물을 인수하여 최첨단의 인공지능 사업본부를 피츠버그에 두게 되었다. 그리고 4차 산업혁명의 동산에 선두진입하여 인공지능 기술을 활용하고 있다. 유튜브를 켜면 좋아할 만한 클립만을 배치해 띄운다. 이렇게 되기까지 엄청난 인공지능이 작동한 것이다.

인공지능의 구조는 '레이어'라 하는 계층들이 상하로 배치되어 있다. 위 계층에는 기호, 부호, 신호, 특수문자 등이 아래 계층에는 문자, 자료, 정보 등이 포진되어 있다. 이들은 맨 아래 계층에 있는 피처들을 규정하고 서술하는 원소로 작용한다. 한 피처는 다른 선행 피처들을 활용하여 서술되며 이 피처는 다음에 더욱 정교해질 다른 피처를 위한 원소로 활용된다.

인공지능의 구조는 구조화 철학을 따르고 있다. 구조와 내용을 이해하기 좋게 또 유지보수하기 쉽도록 추상화의 원리를 이용하고 있다.

첫째, 추상화 원칙이다. 위 레이어로 올라갈수록 자료의 양은 적어지면서 추상화 수준이 높아진다. 반대로 아래 레이어로 내려갈수록 추상화 수준이 낮아지고 더욱 세밀해진다.

둘째, 추상화 수준이 낮아질 때 이보다 높은 추상화 내용의 본질이 훼손되거나 개념이 변질 또는 가감되어서는 안 된다. 엄밀한 계량적 방법에 의한 내부 점검이 필요하다.

셋째, 분할 통치이다. 방대한 인공지능을 주제별로 구분하고 구분한 영역에 대해 빠짐없이 또한 중복 없이 서술되었는지 확인하는 것이다. 관리 가능한 영역으로 구획하고 그 영역을 전문적으로 운영할 책임자를 선임한다.

마지막으로 동일한 추상화 수준 안에서 무슨 내용의 피처를 먼저 서술할 것인가이다. 한 피처는 선행 피처들의 도움으로 서술을 간략하게 한다. 결국 선행 피처들을 앞 칸에 놓는 것이다.

이상이 구조화 철학의 4대 원칙이다. 이 원칙이 인공지능의 구조에 그대로 응용되고 있다.

한자와 한문의 구성도 구조화 철학을 그대로 따르고 있다. 부수가 모여 자字가 되고 자들이 모여 글귀가 되고, 또 문장이 되고, 또 이들이 모여 단락이 되고 장이 되고, 이들이 모여 책이 된다. 결국 사마천은 자를 활용하여 약 52만 자 『사기』를 저술한다. 한자와 한문의 구성 원리와 인공지능의 구조가 흡사하다. 인공지능에서 피처는 한자의 자에 해당한다.

　4차 산업혁명 시기에 모든 산업과 비즈니스는 인공지능을 활용할 수 있어야 한다. 이용자 입장에서 인공지능의 구조를 이해해야 하고 인공지능이 토출한 결과물에 대해 그 가치를 평가할 수 있어야 한다. 필요한 경우 인공지능에게 새로운 지식을 습득시키고 교정해 나갈 수 있어야 한다. 인공지능은 멀리 있는 개념이 아니라 가까이 있다. 한자와 한문에 대해 친근감이 있는 경우 인공지능에 대한 이해에 도움이 될 것이다.

　4차 산업혁명에서는 많은 일자리가 줄어들 것이다. 대안으로 일자리 안정화를 위해 해고를 못 하게 하는 것은 하수 중에도 최저질의 하수이다.

　마차가 필요 없는데 마부를 고용하고 있어야 하는 고용주가 받아야 하는 고통은 누구 때문인가? 4차 산업혁명으로 일자리가 줄까 봐 걱정이 아니라 새롭고 신나는 일자리가 기다리고 있으니 더욱 기대가 된다는 역발상을 필요로 한다.

변화만이 4차 산업혁명을 배울 수 있다

패전 직후 일본 아키하바라(추엽원, 秋葉原) 지상철(JR) 역사 주변 철교 밑에는 미군 군수물자를 늘어놓고 파는 행상들이 즐비했다. 이러한 신식 물품이 유통되다 보니 아키하바라가 전자제품의 메카가 되었다. 80년대 초 코끼리 밥통을 사러 가면 먼저 어느 나라에서 왔냐고 묻는다. 한국이다 하면, 한국 전기 환경에 맞는 제품으로만 개발 전시해 놓은 곳으로 안내한다. 90년대에는 내비게이션을 팔았다. 내비를 상용화한 일본이 마냥 부러웠다.

넓게 펼쳐져 있는 아키하바라는 간선도로 양옆으로 지선 또는 이면 도로가 형성되어 있다. 수많은 전자 관련 상점들이 유사한 부류끼리 군락을 이루고 있다. 아키하바라의 상권 분포는 마치 잎사귀 모양을 하고 있다. 잎사귀 하나마다 그 속에서 줄기가 있다. 줄기는 더 가느다란 잔줄기를 포함하고 있다.

간선도로에서 지선도로로, 지선도로에서 각 상점이 입점한 건물로 길이 펼쳐져 있다. 각 건물은 수백 개의 상점을 입점시켜 놓고 있다. 각 상점은 그 속에서도 통로가 있다. 통로 양 옆으로는 사람들이 손으로 물건을 꺼내 볼 수 있도록 제품이나 플라스틱 통들이 배치되어 있다. 통 속에는 각종 규격의 전자제품 부품이 담겨 있다. 머리카락만 한 크기의 부품도 있다. 20톤 가고 트럭이 다니는 도로에서부터 사람이 겨우 지나다닐 만한 통로에까지 전자제품, 부품들이 질서정연하게 구색을 갖추고 있다.

흔히들 아키하바라에 있는 전자제품 부품들을 가지고 우주선도 만들 수 있다고 한다. 그러나 기획과 설계가 탄탄해야 할 것이다. 최근 아키하바라가 변하고 있다. 전자제품 파는 가게가 줄고 있다. 기존의 전자제품은 가성비가 좋은 것을 온라인으로 골라 직구한다. 전자제품을 팔던 그 자리는 새로운 상품을 파는 가게로 바뀌고 있다. 바뀐 가게에는 무엇을 파는지 궁금하다.

일본이 한국보다 앞서가는 것을 느낄 수 있다. 내비를 일본이 한국보다 먼저 상용화했다. 그때처럼 지금도 마음이 불편하다. 우선 눈으로 확인할 수 있는 것이 있다. 최근의 아키하바라는 일본산 게임, 애니메이션(실사가 아닌 영화), 만화의 메카로 변신했다. 캐릭터 제품을 파는 가게들이 눈에 들어온다. 애니메이션과 연결된 캐릭터들이다. 캐릭터들은 주로 흰색이 많다. 귀엽다. 친구가 되어 준다. 전자적인 애완동물을 사서 키우기도 한다.

다음으로 많은 점유율을 나타내는 가게는 콘텐츠를 유통하는 곳이다. 한국에서는 콘텐츠 유통을 온라인으로 하는데 이곳에는 왜 오프라인으로 해야 하는지 이해하기 어렵다. 근래에 형성된 콘텐츠 유통 업체의 대리점들이 각각 매장을 열고 영업하고 있다. 이곳에 들르는 고객은 주로 20~30대다. 간선도로변의 가게들 중 20% 이상이 전자제품 판매에서 콘텐츠를 유통하는 새로운 가게로 변신했다. 4차 산업혁명이 바로 이런 것이구나 하고 실감하게 된다.

콘텐츠를 구매하기 위해서 유사제품과 비교해 보고 자신에게 가장 알맞은 콘텐츠 제품을 찾기 위해서 상점을 찾는다. 영화를 보러 극장에 가기보다는 영화 콘텐츠를 사다가 자신이 만든 공간에서 혼자 보기를 원한다. 자신이 가지고 있는 적립 카드 이용 또는 할인 가능성을 최대한 살리고 싶어 한다. 상담을 필요로 한다. 오프라인 가게를 찾는 이유이다. 콘텐츠가 전자제품보다 더 비중 있는 유통 대상이 된 것이다.

일본의 편의점에는 수많은 카드를 판다. 콘텐츠를 소비할 수 있는 패스워드가 담긴 카드다. 선불로 콘텐츠를 이용하기를 원하는 일본인들에게 카드는 적절하다. 친구에게 선물로 주기에도 알맞다. 일본은 한국보다 한발 앞서 4차 산업혁명을 하고 있는 중이다.

베트남이 관광 선진국이 된 이유

베트남에서 대나무 껍질로 만들어진 광주리 배는 연안에서 고기를 잡거나 큰 배에서 물건을 육지로 나르는 용도로 사용되어 왔다. 물이 새지 않게 방수를 했다. 예전에는 소똥을 물에 개어 여러 번 발랐다. 관광 도구로 나온 광주리를 유심히 봤다. 소똥 대신 연한색의 실리콘을 발랐다.

광주리 배마다 노 젓는 사공이 있다. 관광객은 안전을 위해 구명조끼를 입고 흥분으로 가득 찬 운항이 시작된다. 사공이 흥얼흥얼 한국 노래를 불러준다. 마치 '오, 솔레미오'를 연상케 한다. 베니치아 곤돌라에서 관광객을 위해 불러주는 노래 같았다. 사공에게 팁이 쉴 새 없이 전달된다. 기분이 남다르게 느껴진다. 사공의 쇼는 계속된다.

다음은 10척 정도의 광주리를 모은다. 도사공의 쇼가 마련되어 있다. 노를 저어 광주리가 빠른 속도로 회전하게 한다. 관광객들은 흥분하여 함성을 지른다. 도사공에게 팁을 준다. 자신이 타고 온 사공이 팁을 전달해 준다. 삿대에다 물을 묻혀 달러를 붙여 도사공에게 전한다. 이것도 관광 상품이다.

다음 스테이지가 마련되어 있다. 신나는 노래가 고성능 앰프를 통해 나온다. 한국 관광객을 위한 곡들로 선곡되어 있다. '여행을 떠나자', '내 나이가 어때서', '젊은 그대', '당신이 최고야' 등 율동을 마음껏 펼칠 수 있는 템포가 빠른 곡들이다.

사공은 광주리가 심하게 흔들리지 않게 끈으로 매어 준다. 관광객들은 흔들리는 광주리에서 일어나 춤을 추기 시작한다. 광주리가 흔들리는 것이 더욱 짜릿한 맛을 느끼게 한다. 이렇게 관광객들은 모처럼 삶의 시름을 잊고 판타지에 젖어 든다.

이곳은 매일 한국 관광객 3천 명이 온다. 이곳에서 일하는 한국 관광가이드만 해도 2천 명이 넘는다. 7년 사이에 10배로 증가했다. 한국 청년들이 국제 관광산업 노하우를 익혀 한국의 관광산업을 부흥시킬 수 있을 것이다. 뱃길을 만들기 위해 수많은 야자수 나무를 잘라냈다. 자연은 부분적으로 파괴되었지만 관광객들의 흥분된 마음을 살려 낼 수 있었다.

7년 전에는 해가 지고 난 다음 관광객들에게 야경을 보여줬다. 지금은 강 위에 배를 띄워 관광객들에게 소원 등을 띄우게 한다. 관광객이 무엇을 원하는지를 정확하게 알고 있는 듯했다. 다낭에는 맞춤 양복점들이 제법 있다. 비즈니스용 양복이 아니라 관광 휴양지에서 오랫동안 머물면서 파티에 참석할 때 입을 정장을 제공해 준다. 옷가게들이 한물 간 옷들을 빼내고 있다. 가게 주인들이 이런 눈을 가졌으니 장사를 계속 할 수 있겠구나 하고 느꼈다.

해발 1500미터 정상에 관광단지가 있다. 갖가지 시설을 갖춰 놓았다. 7년 전에는 케이블카가 한 줄만 있었는데 지금은 세 곳으로 늘었다. 평지는 평범한 일상이라고 간주된다. 반면 평지와 차별화된 높은 곳은 일상의 삶을 떠나 특별한 감흥을 느끼게 한다. 디즈니랜드를 연상케 한다. 멋진 쇼가 연출된다.

자연보호를 위한 노력도 함께 경주하고 있었다. 산에 토사가 부분적으로 무너져 내려 풀뿌리가 뽑힌 곳에 특별히 나무를 더 심고 있었다. 케이블카가 놓였기 때문에 자연을 더욱 잘 가꿀 수 있음을 확인할 수 있었다.

빅 데이터 흔적이 미래를 밝힌다

자동차가 실용화되기 직전 미국 해군에 근무하던 모리 소령은 휴가를 마치고 마차로 부대에 복귀하다 마차가 굴렀다. 모리는 마차에 깔려 다리를 심하게 다쳤으나 군대를 예편할 정도는 아니었다. 이 일로 모리는 육상근무에 배치되었다.

모리는 해군을 위해 일할 아이디어가 생각났다. 해류를 알아내 해군에게 제공하고 싶었다. 모리는 많은 병 속에 편지를 넣어 바다에 던졌다. 이 편지를 보는 사람은 언제 발견했는지를 해군본부 모리 앞으로 보내 달라고 했다. 병을 발견한 곳의 위치와 일시를 적어 다시 병에 넣어 바다에 띄워 보내 달라고 했다. 이렇게 1년간 대서양에서 병 편지를 운영했다. 결과는 만족할 만했다. 대서양에서 계절별 해류의 상태를 파악한 것이다. 이 사건이 빅 데이터의 효시라 할 수 있다. 데이터를 가지고 유의미한 가치를 추출했다.

많은 데이터의 모임을 빅 데이터라 한다. 데이터 하나의 길이가 1센티미터라면 데이터들이 늘어선 길이가 지구 25바퀴(1테라)를 돌 정도의 양이면 빅 데이터에 끼워준다.

하나의 데이터는 간단한 정보를 가지고 있다. 어떤 가치를 지니고 있지는 않다. 데이터의 예를 들어 본다. 어떤 사람이 언제 어디에서 어떤 버스를 탔고, 얼마를 지불하고 언제 어디에서 내렸다는 내용이다. 많은 데이터만을 빅 데이터라 말하지 않는다. 데이터 양은 많지 않더라도 데이터 속에서 가치를 채굴한다면 바로 빅 데이터라 할 수 있다.

빅 데이터를 처리하는 정보처리 기구는 속도가 생명이다. 데이터를 전송하는 속도도 빨라야 하고 모바일이나 인터넷 기반의 앱들이 빠른 반응을 제공하듯이 빅 데이터도 이에 맞춰 결과를 내보내야 한다. 수많은 데이터를 분석해 빠른 시간 내에 결과를 내야 한다는 것이 보통 문제가 아니지만, 이러한 문제를 해결하기 위해 반도체의 용량과 처리 속도가 계속 커져가고 높아져 가는 것이다.

빅 데이터는 다양한 형태의 데이터를 포용해야 한다. 데이터의 종류로는 문자, 사진, 그래픽, 동영상 등 종류가 다양하다. 유의미한 가치를 채굴하기 위해서 다양한 데이터의 환경을 수용할 수 있어야 한다.

유튜브 건수(크립)가 수억 개가 넘는다. 빅 데이터 서비스를 할 때 작업 시간을 단축하기 위해 관심 분야를 선정하고 분야에 속한 것들에 대해 사전에 개요 정보(메타 데이터)를 추출한다.

빅 데이터는 모순을 극복해야 가치라는 꿀을 만날 수 있다. 빅 데이터 시대는 20~30 젊은 세대들에게 창의적인 도전을 요구하고 있다.

데이터가 만들어질 때는 빅 데이터를 염두에 두고 축적되지 않는다. 익히 알려진 방법으로는 빛나는 가치를 채굴할 수 없다. 좌절밖엔 기다리고 있는 것이 없다. 고가의 처리 장비 구입비 등 예산이 많이 든다, 개인정보 보호법에 막혔다, 데이터에 접근하기가 어렵다, 처리 방법이 고도의 기술을 요한다 등 안 된다는 것밖엔 없다. 이것을 극복해야 한다.

한국통신(KT)의 통화량과 서울시의 교통 데이터를 융합시켜 분석했다. 분석 결과 심야 택시를 잡기 힘든 곳에 심야 버스를 배치했다. 매우 성공적인 빅 데이터 이용 사례로 남았다.

서울시는 버스 공영제에 의해 버스 업계에 많은 교부금을 지급하고 있다. 버스는 노선을 재배치해야 할 상황이다. 빅 데이터에 의해 버스 노선 재배치로 교부금을 줄여 나가야 할 것이다. 빅 데이터가 원활히 유통될 수 있도록 법 제도적인 환경이 조성되어야 한다.

강물 속 자연의 이치

보리가 익을 무렵, 머리에 똬리를 얹고 10리터 정도를 담을 수 있는 항아리를 이고 다니는 아낙이 있다. 흰 무명 저고리와 치마를 입고 머리는 동백기름으로 깔끔하게 손질하고 구리 비녀를 꽂았다.

"재첩국 사이소."

따끈한 재첩 국물이 가을 하늘빛보다 더 진하다.

60년 전 섬진강 주변의 풍경이다. 요즈음 재첩 국물 색깔이 예전과 다르다. 재첩을 갱조개라고도 부른다. 갱이라는 접두어의 의미는 바닷물을 어느 정도 먹었다는 의미가 내포되어 있다. 섬진강 재첩이 유명하였던 이유로는 수질이 좋았던 점도 있지만 바닷물과 민물이 조화를 이루면서 재첩의 생태계에 최적의 환경을 주었기 때문이다.

섬진강 하구는 하루에 2회 간조와 만조가 반복되며, 간만의 차는 3.6미터 정도이다. 만조 때 바닷물은 홍룡 호암까지 도달

한다. 강물 즉 민물이 흘러 바닷물을 만날 때 자연의 이치에 따라 합쳐진다. 민물은 바닷물에 비해 비중이 가벼워 서로 만날 때 민물이 바닷물 위로 얹힌다. 같은 부피의 바닷물은 부력이 민물보다 크다. 그래서 바닷물이 흐르는 민물을 만나면 살짝 위로 들어 올린다. 하루 두 번씩 섬진강 하구가 만조일 때 바닷물은 섬진강 강바닥을 타고 홍룡까지 도달한다. 이때가 최소의 예각을 이루면서 민물과 교합한다. 바닷물과 민물이 교합하고 있는 단면은 마치 어깃장을 놓은 것과 같다(영어의 Z자 모양). 강바닥에 서식하는 재첩이 일정한 양의 바닷물을 일정한 시간대에 접할 수 있었다.

섬진강 하구에 많은 다리가 생기면서 이러한 생태계가 부분적으로 파괴되었다. 자연의 순리에 따른 만조 때의 섬진강 강물 속 생태계를 복원할 필요가 있다. 일 갑(육십 년) 전에는 홍룡부터 섬진강은 대자연의 오케스트라를 연주하듯 흐르고 있었다. 강을 가로질러 놓은 다리 밑 교각을 지날 때 강물은 교각 기초(케이슨)에 부딪쳐 산산히 쪼개진다. 더 이상 대자연의 순리를 찾아볼 수 없다. 교각과 부딪칠 때 와류가 생겨 바닷물은 아래, 민물은 위라는 등식이 더 이상 존재하지 않는다.

결국 강 바닥에는 하루 2회씩, 일정한 시간에 바닷물을 맛봐야 할 재첩에게는 고역이 아닐 수 없다. 재첩 전문인들은 다리(섬진교) 아래에서 잡은 재첩이 맛있다고 한다. 재첩 맛을 복원하여야 한다. 이에 대한 해결책으로 물이 잠기는 교각 부위를 유선형으로 처리하는 방안이 있다. 교각의 기초 부분은 둥글게 해 놓은 이유도 강물이 흐르는 데에 방해를 덜 받도록 배려한 것이다. 재첩을 위해서 이 부위에서 와류가 발생하지 않도록 유선형으로 처리하여 강물이 흐르는 방향으로 유연하게 흐르도록 하는 것이다. 강물이 와류를 일으키지 않고 지나갈 수 있도록 하는 방안들 중 하나이다.

강물이 순리적으로 흐르면 만조 때 강바닥 면을 타고 올라오는 바닷물의 성질(염분 농도 등)을 교란 또는 회석시키지 않는다. 이렇게 되면 만조 때 원래의 바닷물이 조화롭게 홍룡까지 닿을 수 있을 것이다. 교량을 리모델링할 기회가 있다면 교각을 최소화하는 현수교로 바꿔야 한다. 재첩은 대한민국에서 하동의 정체성을 살릴 수 있는 몇 안 되는 요소 중 하나이다. 이를 잘 살려 나가야 할 책무가 있다.

많은 고객이 오는 것은
그만한 이유가 있다

　지금은 경제적 공황 상태다. 서울에서 지방 한 지점 간 시외버스 운행시간이 4시간 걸리는 곳이 있다. 편도는 하루 10편 운행한다. 왕복 20편이다. 하루 영업 좌석은 왕복 총 560석이다. 지금은 평균 하루 왕복 60여 명이 버스를 이용한다. 이용률은 10. 71%이다. 공황의 실제 모습이다. 이러한 상태가 한 달간 지속되고 있다.

　하동 쌍계사 근처에는 1년 전부터 한 카페가 문을 열었다. 손님이 끊이질 않는다. 지금도 예전과 같이 손님이 온다. 그 이유가 무엇일까? 인근에 사는 주민들이 걸어서 카페에 오는 경우는 거의 없다. 모두가 차를 이용해 이곳에 온다. 주차시설이 충분하다. 100면 정도가 마련되어 있다. 주차장 전체에 일방향 편도 중앙도로가 개설되어 입차부터 출차까지가 유연한 동선을 제공하고 있어 자기 차를 이용하는 고객들의 주차난을 줄여 준다.

이 카페는 SNS 등 가상공간에서 잘 알려져 있다. 고객이 SNS에 올리는 이유는 매슬로우의 인간 욕구 5단계에서 찾아볼 수 있다. 생리적 욕구와 안전 욕구를 충족한 인간은 다음 단계인 어딘가에 속하고 싶은 욕구를 충족시키고 싶어진다. 인간은 사회적 존재이기 때문에 여러 종류 집단에 소속하여 사랑받고 싶은 욕구가 있다. SNS는 자신의 존재감을 확인하고 싶을 때 유용하다. 이곳은 SNS에 올리기에 딱 알맞은 콘텐츠를 제공하고. 야외가 있는 카페이다. 커피 잔 속에 좁은 수평이 있다.

야외는 또 하나의 평면을 제공하고 내연을 외연화시키고 있다. 도회지 카페에서는 찾아보기 어렵다. 전원생활을 꿈꾸는 도회지인들에게 좋은 경험을 제공하고 로망을 잠시나마 충족시켜 주고 있다. 그린 필드를 보면서 일행들과 커피를 마시며 환담을 하다 보면 2시간쯤은 훌쩍 가버린다.

또 내정 정원의 요소를 두루 갖추고 있다. 연못, 인공 개울, 정원수, 각종 조경품과 시설이 조화를 이루고 있다. 잔디는 켄터키블루그라스와 비슷하다. 분재도 눈에 띈다. 조경의 한 요소인 조경용 스톤웨어(석재)가 특이하다. 중국에서 수입한 자재다. 국내에 흔하지 않은 소재를 채택하고 있다. 돌계단 한쪽 끝을 철물로 결합시켜 놓는 것은 차별화를 행한 외침이다.

해가 질 무렵부터는 야외에 경관 조경 등불이 들어온다. 연못 속에는 금붕어가 101마리가 있다는 스토리텔링을 제공한다. 이곳 카페는 부분적인 리모델링을 계속하고 있다. 하루가 다르게 촌스러움을 벗고 있다. 건물을 제외한 모든 시설들이 고정물이 아니다. 새로운 디자인 시안이 나오면 쉽게 옮겨 탈 수가 있다. 확장가능성을 지니고 있다.

숍앤숍이 인상적이다. 아담한 꽃가게가 보인다. 단가는 3만 원 이내이다. 즉흥적으로 구매 가능한 품목들이다. 병합 구매 를 유도하고 있다. 각종 디저트류와 비싼 케익, 과자 그리고 병 음료들이 구비되어 있다. 지리산과 하동의 지리적 특색을 살리 고 있다. 화계산 녹차로 만든 녹차 라떼가 눈에 띈다. 카페에는 커피 맛이 좋아야 한다. 좋은 공기 속에서 마시는 커피는 맛이 좋을 수밖에 없다. 로스팅 방법을 좋은 공기 환경에 맞췄기 때 문이다. 이곳은 나날이 진화한다. 손님의 요구에 맞춰 고객이 자긍심을 발휘할 수 있는 경험적 시간과 공간을 제공한다.

이 카페로부터 50미터쯤 떨어진 곳에 있는 한 실내형 카페 가 유난히 초라해 보인다. 영업시간임에도 한 사람도 실내에 없다. 잠재적인 경쟁자를 식별하였어야 한다. 이를 이겨낼 수 있는 전략 마련을 못한 주인의 통한을 듣는 듯하다.

여럿이서 같은 꿈을 꾸면
꿈이 현실로 변한다

서울 남대문시장이나 동대문시장은 한양 천도와 함께한다. 한양성으로 둘러싸인 한양은 야간 통행을 제한했다. 다음 날 목적지에 가기 위해 사대문이 열리기를 기다리는 사람들은 사대문 앞 근처에서 하룻밤을 묵게 된다. 시간적 여유를 가진 사람들이 쇼핑을 하기 시작한다.

세월이 지나면서 사대문 앞은 서서히 상권이 형성되기 시작했다. 700년 역사를 지니고 있다. 역이나 터미널은 특별한 역세권역을 형성하여 상권이 자연스럽게 형성된다. 서울의 가로수길은 왕복 2차선 길이다. 길 건너 누가 걸어가는지 얼굴을 확인할 수 있는 거리다. 아무 데서나 길을 건널 수 있는 도로 폭이다.

2차선 길에서는 차들이 속력을 높일 수 없다. 그래서 그곳에 가면 편안함과 친근감을 느낄 수 있다. 양편에 가게들이 있다. 한쪽만 가게이고 다른 한쪽은 옹벽이 있다면 상권이 발달하기 어렵다. 상권이 형성되는 길은 평평하며 오르막이나 내리막길이 아니고 연계가 원활해야 한다. 비나 눈 또는 바람까지도 영향을 받지 않고 특히 캐리어를 끌고 다니다가 계단을 만나 캐리어를 들게 된다면 고객들은 불편을 느끼게 된다.

요즈음 공실률이 높아지고 있다. 서울시청 근처 1등급 오피스용 25층 Y 빌딩은 공실률 40%라고 한다. 이 와중에도 예외가 있다. 테마를 가진 빌딩은 공실을 찾아보기 어렵다. 테마로는 애완견, 의료, 악기, 캐릭터 등이 좋은 예가 된다. 스토리가 있어야 한다. 스토리는 고객들이 확대 재생산한다. 상권이 형성되기 위해서는 여러 가지 여건이 형성되거나 제공되어야 한다. 기존의 상권도 쇄락해 가는 요즈음 신상권을 이야기한다는 것 자체가 무모할지도 모른다.

서울의 가로수 길과 같은 형상을 갖춘 곳이 탄생했다. 경남 하동군청 뒤편 구철로길이다. 건널목에서부터 구역사까지 2킬로의 길은 과히 환상적이다. 가로수 길의 성공요인들을 두루 갖추고 있다. 도로 폭을 2차선 정도로 기획할 수 있다. 오르막 내리막이 없다. 기차역, 버스 터미널 등이 인근에 있다. 테마에 맞는 수많은 가게들을 유치할 수 있다. 주변에 주차 공간을 쉽게 마련할 수 있다. 상권이 형성될 수 있는 인프라는 어느 정도 갖춰져 있다. 우선 주차장 위치는 구철로 변 50미터 이내가 적당하다. 주차 부지면적을 확보하기 위해서 지적의 용도를 변경할 수 있을 것이다. 이로 인해 이득을 보는 기존의 지주에게 개발분담금 조로 토지의 일부를 할양 받을 수 있다. 서울에서 있었던 사례이다.

이곳에 새로운 상권을 형성하기 위해서 테마를 선정해야 한다. 손에 잡히는 손 쉬운 테마가 있다. 카페 거리이다. 여기에는 카페뿐 아니라 고급 빵집, 스낵류, 와인 바, 스포츠 바, 헬스 클럽, 스포츠 댄스, 노래방, 당구장, 탁구장 등이 유사업종으로 서로에게 도움을 주고 받을 수 있다. 고객을 밀어줄 수 있고 또 고객을 넘겨받을 수 있다. 이곳에 오는 고객은 거의 모두가 외지에서 오게 된다. 기차로 오는 외지 고객이 점차 늘어나도록 역발상적 전략을 필요로 한다.

장기적인 관점에서 역발상을 해본다. 이 거리에 300개 정도의 금은방이 들어서 있는 거리를 상상해 본다. 전국에서 가장 많은 금은방 점포수를 보유한 '철로길.' 철로 즉 레일이라는 중후 장대한 개념에서 귀금속을 거래한다는 개념의 전이는 매력적이다. 하동의 이미지는 클린이다. 깨끗한 공기와 물이다. 이러한 개념을 품고 있는 물건이 하나 있다. 바로 다이아몬드다. 하동의 철로길이 대한민국을 대표하는 다이아몬드 거래 중심지가 될 수 있다. 여럿이서 같은 꿈을 꾸면 그 꿈이 현실로 변한다.

4차 산업혁명 시대에 예외는 없다

에어비앤비가 세상을 변화시키고 있다.

10여 년 전 젊은이 두 명이 숙소를 찾고 있는 세 사람을 돕는데서 시작했다. 지금은 수백만 명이 숙소제공자로 등록되어 있으며 한 해 이용자도 수백만 명이 된다. 이용자가 숙박할 위치(장소)와 체크인과 체크아웃을 지정하면 원하는 장소와 시간대가 맞는 숙소를 안내받는다. 물론 하룻밤 요금도 표시된다.

알맞은 요금대를 골라 지정해서 작동(클릭)하면 숙소에 대한 상세한 내용이 나온다. 숙소 내·외부 사진, 숙소에 부수되는 이용시설들, 주인의 사진과 인사말 등 숙박료와 이용자들의 이용 후기들이 있다. 비용 대비 이용 편의성(가성비)을 최대로 누릴 수 있도록 도와주고 있다. 가성비를 중요히 여기며 숙소를 찾는 신세대들에게는 에어비앤비는 그들의 성지나 다름없다.

여행지에서 숙소를 찾는 사람들은 어떤 이유인가? 기존의 호텔, 모텔 등은 다양한 요구를 수용하지 못한다. 여행이 일상화된 요즈음 여행자들의 요구는 더욱 다양해지고 있다. 숙소에서 따뜻하고도 포근한 인간미와 인정미를 느끼길 원한다. 저렴한 비용 지불을 원한다. 집 떠나면 고생이다. 다양한 요구를 다소나마 보전받고 싶어 한다. 이러한 시대적 요구에 따라 다양한 형태의 숙박 서비스가 생겨나고 있다.

숙박소는 인생의 징검다리에 있는 조그마한 돌에 불과하다. 문제는 숙박소의 지속발전 가능성에 있다. 그 숙박소와 다음의 숙박소 간의 관계성이 얼마나 두텁냐에 달려 있다. 다음으로는 인생살이에 얼마나 큰 영향을 주느냐에 달려 있다. 이런 것들을 흔히들 콘텐츠라고 말한다. 숙박소를 찾는 이들은 무척이나 경제적인 동물이다. 이들에게 실질적인 이용성을 안겨 주어야 한다.

쥐를 좇던 고양이가 쥐구멍 속으로 피신한다. 고양이가 쥐를 유인하기 위해 꾀를 부린다. 고양이가 목소리를 바꿔 닭소리를 낸다. 쥐가 안심하고 구멍 밖으로 나오다가 결국 고양이에게 목덜미를 잡혔다. 쥐가 항의한다. "쩨쩨하게 목소리를 속이느냐?"고 그러면 고양이가 하는 말, "요즈음은 2개 국어는 해야 먹고 산다."

숙소를 팔려고 인터넷 상에 올려놓으면 연락이 온다. 대개는 영어로 쓴 메일을 받게 된다. 숙소 임대 요청에 대해 메일로 응신을 하여야 한다. 그러면 계약이 체결되고 숙소 임대료를 즉시로 입금받게 된다. 여행객들이 원하는 것이 자잘하게 많다.

데리러 올 수(픽업) 있냐고 물을 수 있다. 숙소를 안내할 때 어디 이내에서는 픽업이 가능하다고 표시해 두면 좋다. 화장실은 방에 붙어 있으면 더욱 좋다. 최소한 깨끗해야 할 것이다. 침대에는 깔끔한 이부자리와 크기가 다른 베개가 함께 마련되어야 한다. 간단한 조리를 할 수 있어야 한다. 조식으로 식빵과 잼 정도를 제공한다. 세탁기 사용도 가능하면 금상첨화다. 방 안에는 인터넷을 사용할 수 있어야 한다. 사용자들로부터 좋은 사용 후기를 받는 것이 가장 중요하다. 사용자가 돌아가고 나서도 인터넷 등으로 연락을 주고받을 수 있으면 좋다.

에어비앤비와 하동군이 업무 협약을 맺었다. 하동군은 세계적 여행객들의 숙박지로 각광받을 수 있을 것이다. 과잉 투자로 어려움을 겪고 있는 펜션들을 리모델링하였으면 한다. 숙박업은 면밀한 조사, 기획, 실천을 필요로 하는 4차 산업혁명 시대의 신산업이다. 큰 나무 위에 집을 지어(트리 하우스) 숙박소로 제공할 수도 있다. 여행 산업의 세기적 절호기를 살려야 한다.

아직도 1%밖엔 이루어진 것이 없다

19세기가 저물어가던 해, 당시 미국 특허청장 찰스 듀웰은 대통령에게 편지를 보냈다.

"각하 이제 특허는 다 등록되었습니다. 더 이상 특허 출원이 없을 것입니다. 이제 특허청을 문 닫게 해 주십시오."

19세기 말 에디슨 등의 전기 관련 특허가 전대미문 격으로 쏟아져 듀웰은 착각을 한 것이다. 더 이상 특허 출원은 없을 것이라 여겼다. 그러나 지금 생각해 보면 당시의 특허는 지금까지의 총 특허출원 수에 비해 보면 거의 1%에도 못 미치는 양이다. 지금도 마찬가지이다. 모든 것이 다 이루어졌으니 이제는 더 이상 개혁(이노베이션) 할 것이 없다고 생각한다. 이는 잘못된 생각이다. 수많은 청년들이 공시생이 되어 사회경제적인 세월을 허송하고 있다. 합격하지 못한 99%의 청년들은 고시낭인이 되어 사회에 적응을 못하고 살아가고 있다.

이런 현상이 하등 문제가 안 된다고 생각하는 것이 당연하다. 왜냐하면 듀웰과 같은 생각을 가지고 있기 때문이다. 지금까지 잘 해오고 있는데 뭐가 문제냐는 것이다. 1%밖엔 진척된 것이 없으면서도 100% 진척된 것처럼 착각을 하고 있는 것이다.

현재의 고시제도를 약간만 손을 보면 된다. 고려 광종 때부터 지금까지 내려온 제도로서 부분적인 부침과 변화가 있었지만 동일한 것은 사회적 적응력을 갖춘 리더십을 테스트하는 것이 아니라는 것이다. 종이와 문자라는 미디어를 매개로 한 암기 및 이해능력을 알아보는 질의 응답형이라는 것이다. 고시공부만 한 젊은이들이 고시에 실패하고는 사회적응을 하지 못한다.

혁신의 요체는 현재의 고시 응시자격을 사회적응을 한 것을 전제로 하는 것이다. 중소기업 등에 취업한 후 일정 기한이 지난 사람에 한해 응시자격을 부여하는 것이다. 개선된 제도라면 합격하지 못한 나머지 응시생들에게도 사회적응은 이미 되어 있는 셈이다. 그러므로 이들에게 고시낭인이라는 분류에는 들어가지 않게 되는 것이다.

아프리카의 한 나라에서는 축구 국가대표선수 양성 학교가 있다. 축구장 옆에는 자동차 정비소가 있다. 모든 학생이 국가대표선수가 되는 것이 아니지 않은가. 탈락할 것에 대비해 미리 자동차 정비 기술을 익히게 한다고 한다.

현재 한국 지도층의 머리는 아프리카의 이 축구학교 교장 선생보다도 못한 것이다. 이와 같이 대한민국에는 여러 분야에 99%의 일이 남아 있다. 매사에 개혁 의지를 가지고 살펴보고 개혁을 위해 리더십을 발휘해야 한다.

4차 산업혁명은 새로운 기회이다

　30년 전에는 이메일을 아무나 사용할 수 없었다. 컴퓨터와 컴퓨터 간 원격통신을 못 하게 하고 데이터 통신 역무(서비스) 허가를 받은 기관만 할 수 있었다. 90년대 초반 신기술의 전면적 배포로 이메일 사용이 대중화되어 지금은 하루 1억 통 이상 이메일이 오고 간다.

　필자가 30년 전인 90년도 한 잡지에 기고한 글이다. 인공지능(AI)을 이용한 원격의료에 대해 개념을 정리하였다.

　"우리나라에도 의료 진단을 의사가 없는 마을 공회당 안에 있는 전화통 옆에서 컴퓨터로 하는 것을 시험하고 있다. 환자의 증상을 컴퓨터가 물어보는 대로 대답해 주면 어떤 병원에 가 보라든지, 약국에 가서 어떤 약을 먹으라는 등의 지시를 받을 수 있도록 시험 운영 중이다. 근간에 나온 어느 외국 잡지에는 집에서 진찰기를 몸에 대고 컴퓨터 단추를 누르면 멀리 떨어져 있는 자기 단골의사의 컴퓨터에 보내져 이상이 있다고 컴퓨터가 판단하면 의사에게 알려 준다. 지금 손님의 진찰 결과를 풀어 보니 어제 너무 무리했기에 보혈제를 먹으라고 통고를 했다는 것을 퇴근 무렵 컴퓨터가 의사에게 보고를 한다. 컴퓨터가 졸대기 의사보다 낫다라는 이야기가 있다. '마이신'이라는 인공지능 전문가 시스템은 원로급 의사들의 경험과 수많은 임상병리 통계치를 지식 베이스에 넣어 놓고 진찰 결과를 잘 판별하여 소견을 내어 놓는데, 이 소견이 믿을 만한 수준이 되고 있다."

한국에서 원격의료를 하자, 말자는 공방의 역사가 30년이 경과했다. 한 번은 한 일류 대학병원에서 MRI 영상 자료를 다른 병원으로 보내는데 고객한테 15,000원을 내라 했다. 원격의료 체계가 구비 안 되어 나타난 해프닝이다. 정보통신기술이 발전하는 것만큼 의료 서비스에서도 국민들은 혜택을 받고 싶다.

인체의 영상정보를 다른 병원으로 보내는 것은 식은 죽 먹기보다 쉽다. 미국은 6명 중 1명이, 중국은 1억 명 이상이 원격의료 체계에서 진료 서비스를 받고 있다. 일본은 5년 전 원격의료가 전면 허용되었다. 원격 의료 반대 논지는 명확하다. 대형병원으로 쏠림 현상이 일어나 골목 병원들이 도태될 것이다.

4차 산업혁명기에 의사 직능체계를 바꿔야 한다. 전문의 제도를 재설계하여야 한다. 환자는 전문의가 속한 그 과에 국한하고 싶지 않다. 전문의들은 타과는 모른다고 한다. 타과와 협진을 하고 있으나 환자에게는 불편할 뿐이다. AI 도움으로 인근 전문가들을 통합할 수 있어야 한다.

원격 의료는 동네 병원 의사들에게 오히려 기회가 잠재되어 있다. 가정의 또는 주치의 제도를 살려 대형병원의 의사와 정보통신기술로 협진을 통해 환자에게 편익을 제공할 수 있다.약 처방전도 동네 병원에서 받을 수 있다. 접근성이라는 장점은 대형병원에 비해 경쟁력이 있다.

AI는 빅 데이터가 생명이다. 데이터는 태어날 때부터 표준이라는 피를 타고나야 한다. 각자가 생성하는 인체 관련 데이터를 빅 데이터화하는 데에 동의를 하여야 하며, 동의하지 않은 사람에게 반대급부를 준다. 데이터를 제공한 사람과 유사한 유형군에 비해 어떤 특이점이 있다는 것을 주기적으로 알려 준다.

빅 데이터가 잘 모이게 되면 원격의료 및 신약개발에도 획기적인 역할을 하게 될 것이다. 국민 누구나가 인생을 웰빙으로 영위하고 싶어 한다. 건강이 가장 중요한 관심거리가 된다. 나만의 건강 증진 프로그램을 운영하고 싶어 한다. 나만의 약을 조제 받고 싶어 한다. 건강을 유지하기 위해 불편함이 없어야 한다. 원격의료는 더 이상 뒤로 미뤄서는 안 된다.

4차 산업혁명은 의료 시대정신을 새롭게 가다듬으라 한다. 골목 의사들에겐 뜻밖에 새로운 도전 기회이다.

4차 산업혁명은
소비자에게 선택의 폭을 넓혀주는 것이다

개인이나 소집단이 육상에서 움직이고자 할 때 선택하는 방법은 무엇일까? 최근에 AI의 발전으로 임대 자전거, 전동 킥보드, 타다 등이 이동 방법에 추가되었다. 최근 전국의 많은 도시에 전동 킥보드가 등장했다. 이러한 현상은 조만간 자율주행 자동차 택시의 출현을 예견하게 한다. 최근 논란이 되고 있는 타다 논쟁에 있어 핵심은 택시업체의 기득권 보호에 있다. 택시 운전자는 대고객 안전 서비스를 위한 인프라가 갖춰져 있다. 그러니 타다가 택시 면허를 취득해 택시운송업 규제의 틀 속으로 들어와야만 불법을 벗어날 수 있다고 한다. 이러한 논지로 자율주행 자동차 택시를 연상해 볼 수 있다.

중앙선이 명확한 왕복 2차선 이상의 도로에 한정한 자율주행 자동차의 등장은 예상 외로 빨리 올 것이다. 현재 타다 논란을 보다 보면 자율주행 자동차 택시는 불법이다. 안전관리자가 동승하지 않기 때문에 운행을 허가할 수 없다고 할 것이다.

운송서비스 소비자에게 신운송방법에 대해 자유롭고도 폭넓은 선택의 기회가 주어져야 한다. 고객이 만족스러운 서비스를 이용한 결과 최상의 생산성을 올리게 된다. 헌법 제10조에 명기된 국민 행복추구권이 보장되어야 한다. 타다 불법 신드롬(증후군)은 1969년 LG(전 금성사)가 국내 50여 개 군소전자업체를 규합하여 삼성전자 설립을 반대한 것과 유사하다. 반대 논지는 골목(국내)상권 보호 차원이라고 했다. 우여곡절 끝에 삼성전자는 소비자에게 선택의 폭을 넓혀 주었다. 전자제품 수출이 획기적으로 증대되었다. 골목을 대로로 만들었다. 현상, 주장, 논거 등에 대한 평가를 하기 위해 저변에 흐르는 가치판단 기준이 제대로 갖춰져 있어야 한다.

타다는 현재 적정성 논란이 최고조에 도달해 있다. 가까운 장래에 도래할 자율주행 자동차 택시에 대한 적정성 논란이 예견된다. 논란이 야기될 때 이를 명쾌하게 해결해 나가기 위해 이 시대의 주류 가치관에 관한 인프라 자산이 필요하다.

지금이야말로 타다 적정성 관련 가치판단 기준을 확립할 필요가 있다. 타다를 잘 해결해야만 자율주행 자동차 시대를 소비자 혜택으로 맞이할 수 있다.

첫째, 소비자에게 다양한 선택권을 부여하는 것보다 택시업자가 가진 기투자분(타이틀값 혹은 지대) 보호가 우선인가? 창조적 파괴를 통한 혁신은 한국 택시운송업체를 위해 낮잠 자야 하는가?

둘째, 공유경제를 통한 효율화 추구로 경쟁력 확보가 얼마나 국민 경제에 유익한가? 자원의 효율화 추구 결과, 타다를 이용함에 따라 복수 또는 그 이상 자가용을 가진 가계부터 자가용을 한 대씩 처분하게 될 것이다.

셋째, 면허제가 언제까지 약방의 감초가 될 것인가? 면허는 위험하니까 모두 다 금지시켜 놓고 선별적으로 허용하는 구시대적 행정행위(네거티브 시스템)이다. 타다에게 택시 면허를 가져라 하는 것은 공무원들의 양두구육(양의 머리를 걸어 놓고 개 고기를 파는 것) 행위이다.

면허제를 운용하면 면허유지 등 행정권을 오, 남용할 여지가 다분하다. 규제완화가 아니라 규제강화책을 제시하고 있다. 지난 10년간 택시수송 분담률이 32%에서 3%대로 급락하고 있다. 같은 기간 동안 택시운송 부문 직관접 관련 공무원의 수는 꾸준히 증가하고 있다(파킨슨의 법칙).

넷째, 미래사회에 지속발전 가능성을 위해 불필요한 오버헤드를 없애야 한다. 택시회사가 과연 필요한가? 감차 당하지 않기 위해, 면허 유지 등을 위해 로비하는 비용을 충당한다고 사납금을 내리지 못하고 있다.

다섯째, 4차 산업혁명으로 변화하는 현상 트렌드 반영은 어느 정도로 하는 것이 적합한가? 타다보다 더 혁신적인 체계를 뉴욕이나 북경은 허용하고 있다. 서울은 왜 안 되는가?

4차 산업 혁명은 바로 소비자에게 선택의 폭을 넓혀 주는 것이다. 소비자가 자유롭게 타다를 선택할 수 있게 해야 한다.

AI시대에 달라지는 것들

'AI가 뭡니까? IT만으로는 불편하고 한계를 느끼게 됩니다.' 이러한 한계를 해결하고자 새롭게 AI가 소개되고 있는 것이다. AI 실체를 설명하는 것 중 하나가 있다.

심층학습을 시켜 IT를 이용하는 사람들에게 도움을 준다. 여러 사건을 모아(집단 'ㄱ') 공통의 특징을 추출한다. 어떤 사건이 집단 'ㄱ'에 끼일 수 있는지를 판별할 수 있다. 집단 'ㄱ'에 속할 수 있는 새로운 사건을 만들어 낼 수 있다.

한국 고전 소설에 흥부전, 춘향전 등을 한 집단으로 분류해 본다. 이들 소설에 어떤 공통 특징이 있는가? 권선징악이라는 것이다. 새롭게 소설을 창작할 때 권선징악을 플롯으로 사용할 수 있다. AI가 플롯에 맞는 소설류들이 가진 골격을 제시하여 그 골격이 안내하는 대로 약간의 창의성만 발휘하면 된다. 예를 든다면 시대배경, 소설 속 주역들의 이름 및 성격, 갈등 구조의 해결 방법 등에서 차별화한다.

암호(패스워드) 도용사건이 빈번히 일어난다. 컴퓨터의 무서운 힘으로 암호가 될 만한 수만 가지 기호를 조합해 보아 열리는 암호를 발견한다. 심층학습을 한 컴퓨터는 도용했거나 수만 가지의 부호를 조합해 알아낸 암호인지를 눈치챌 수 있다.

암호의 진짜 주인이 아닌 도용자가 사용하는 것임을 알 수 있다. 진짜 주인이 평소 암호를 입력하는 특징을 눈여겨 봐 둔다. 독수리 타법인지, 그중에서도 자간 간격은 어떤지? 각 부호별 입력 시 누르는 힘의 세기는 어느 정도인지? 이 모든 것을 기억해 둔다. 암호에 사용된 모든 부호와 그 순서, 입력시킬 때 소요되는 시간, 입력시킬 때 손가락이 누르는 힘의 세기 등 모든 정보를 결합한다.

세상에서 유일한 방정식을 만든다. 암호를 도용한 사람이 입력한 부호들이 설사 암호로서 맞았다 하더라도 유일한 방정식과 다르면 암호가 도용되어 타인이 사용하고 있음을 컴퓨터가 감지한다. 일단 거절을 한다. 원주인에게 이 사실을 알린다. 이쯤 되면 AI는 밥벌이를 한다고 볼 수 있다.

직장에서 점점 없어지는 일자리들이 있다. 중간 관리자들이 없어진다. IT가 사무실에 있기 전에는 관리만 하는 중간 관리자가 대부분이었다. 현재는 자신의 고유 업무가 있으면서 부분적으로 관리 업무를 수행한다. IT가 일자리를 줄이는 데 공헌한 것이다.

AI 시대에는 또 일자리가 줄어들 전망이다. 지난해에 했던 일을 올해 할 때 AI가 업무를 줄여 준다. 회사 내에서 같은 일을 여러 사람이 약간의 다른 방식이지만 중복 수행한다. AI는 이런 중복 업무를 줄여 준다. AI는 단순 업무, 반복 업무, 중복 업무 등을 대신해 준다. 결국 일자리를 줄여 준다.

AI시대에는 어떤 일을 잘할 수 있다가 아니다. 어떤 일을 하면 회사에 도움이 될 것인지를 제안한다. 제안이 통과되도록 적극적으로 의견을 낸다. 통과되어야만 가치가 있는 것이다.

컴퓨터에게 회사의 일이 어떤 것이 있고 그 일은 어떻게 돌아가고 있는지를 심층학습시킨다. 심층학습이 된 컴퓨터가 업무를 도와줄 태세가 되어 있다. 했던 일이거나 유사한 일이라면 컴퓨터가 도움을 준다.

없어지는 일자리들은 AI 컴퓨터가 대신한다. 단순 관리업무, 단순 입력업무, 재고관리업무, 창의적이지 않은 마케팅업무, 반복적인 기획업무까지 AI 컴퓨터 주도하게 된다.

코로나 경제가 끝나고 정상으로 돌아왔다 한들 AI 컴퓨터가 일자리를 차지하고 있어 지난날과 같은 일자리는 없다고 할 것이다. 일자리에 관해서는 코로나 이전이나 이후나 별반 다를 것이 없을 것이다. AI 컴퓨터를 부릴 수 있는 사람을 선호할 것이다.

제4편 _ 도전挑戰

열정과 창의력으로 미래를 향해 걸어라

스스로 지도자의 자질을 갖춰야 한다

　도산 안창호 선생은 "지도자가 없다고 한탄하지 말라, 왜 스스로가 지도자가 되려고 하지 않는가?"라고 질타하셨다. 지도자를 멀리서 찾지 말고 나 스스로 지도자가 될 만한 용기와 지혜를 갖춰야 하겠다.

　최근 대학원생으로부터 질문을 하나 받았다. 과학정보통신부 수장이 된다면 무엇을 하겠습니까?라는 질문이었다. 나는 당당히 답했다. 시대정신이라는 눈으로 보면 너무나 쉽게 답을 할 수 있었다. 대동법(김육) 농지개혁(조봉암) 등이 당대의 훌륭한 정책이었다. 마찬가지로 이 시대가 원하는 훌륭한 정책을 펼칠 것이다.

　국민들이 쓸데없는 것에 시간을 허비하는 것이 전체 가용시간의 약 40%이다. 이를 줄여 국민 각자가 글로벌 사회에 기여하도록 하겠다. 예를 들면 직무능력과 무관한 스펙 쌓기, 의사소통 못하는 영어점수 높이기, 불요불급한 업무, 허례허식, 창의력 개발과 무관한 교육, 효율적이지 못한 공공조직 등 이를 혁파해야 한다.

대학원 신학기 초 강의차 대학원생 앞에서 나를 소개하면서 비정규직 여호영입니다라고 했다. 웃음소리가 들렸다. 정규직이 그렇게 좋은 것은 아니다. 60 고개에 들어선 사람은 앞으로 60년을 더 살 각오를 해야 한다. 정규직은 인생의 일부분만 커버하고 있을 뿐이고, 일생을 자신의 의지대로 살려면 오히려 비정규직이 바람직할 수 있다.

물리적 조직에 소속되기 위해 연연하지 말고 논리적 조직 속에서 자신의 역할을 유연하게 또 창조적으로 펼칠 수 있는 환경을 만들어야 한다. 모든 신기술들 (5Ts 즉 정보기술, 생명기술, 환경기술, 나노기술, 항공우주기술)이 기존의 산업에 접목되어 새로운 추력을 얻도록 한다.

신기술 중 하나인 IT는 마치 샤프심 연필과 같다. 칼로 연필을 깎아 쓰는 시대에서 연필 꼭지만 누르면 연필심이 죽죽 나오는 아주 편리한 연필 같은 것이다. 그 샤프심 연필 같은 IT가 수많은 일자리를 감축했다. 지금은 그 샤프심 연필 만드는 공장의 인력까지 줄여가고 있다. 새로운 샤프심 연필을 계속 경쟁하면서 만들 것인지 아니면 그 연필로 무엇인가를 그리거나 써서 창조적인 산출물을 만들 것인지는 스스로가 선택할 사안이다.

시대정신은 무엇을 말하고 있나? 현세를 풍미하는 메이저의

사상이나 패러다임을 말한다. 그러나 시대정신의 본뜻은 그럼에도 불구하고 이 사회가 지속발전 가능성을 위해 또 미래 세대를 위해 선택하고 실천해야 할 대강이 무엇이냐? 묻고 있는 것이다. 미래 지속발전성을 위한 시대정신을 발견해야 한다.

젊은이들이 창업을 기피하는 경향이 많다. 부모들은 안정적인 직장을 선택하라고 강요한다. 안정적인 자리를 얻기 위한 각종 시험 준비생이 300만 명으로 추산된다. 젊은이들이 해외 취업을 도외시한다. 도전을 기피하는 세대를 걱정하지 않을 수 없다. 이들에게 창의와 도전적인 인생으로 바꿔 나가도록 도와주어야 한다.

대한민국은 4년 연속 1조 달러 무역고를 올렸다. 그러나 이렇게 되기까지는 30~40년 전 올바른 선택이 있었기에 가능했다. 1966년 삼성전자가 설립하고자 했을 때 금성사(현재 LG전자)는 적극반대했다. 이유는 현재 골목상권 지키겠다는 논리와 비슷했다. 이제 겨우 국내 조립생산하기 시작한 흑백 TV 제조 회사의 수익률 제고를 위해 먼저 투자한 회사를 밀어 주어야 한다는 것이다. 국내 시장이 너무 작아서 거대한 전자회사가 생겨서는 안 된다는 논리였다. 결국 삼성전자는 전량 해외수출을 한다고 했고 정부는 슬며시 설립 허가를 내줬다.

지금의 삼성전자가 있기까지는 어느 정도의 시간이 소요되었고 또한 국민의 시대정신과 이를 수행하고자 하는 결연한 합의가 있어야 했다. 향후 삼성전자와 현대자동차 같은 글로벌

기업, 즉 넥스트 삼성전자의 탄생을 위해 지금 미래를 위한 씨앗을 뿌려야 한다.

지금 하는 일을 잘하기 위해, 하지 않는 일에 대해 관심을 가지고 살펴봐야 한다. 그러면 그곳에서 다양한 영감을 얻을 수 있다. 각자의 일을 잘하기 위해 곁눈 팔지 말고 오로지 집중하라고 한다. 이것은 혁신을 요구하고 있는 현재에는 맞지 않다. 현재 하고 있는 일을 혁신해야 한다. 그 아이디어는 다른 분야의 일에서 찾아올 수 있다.

그래서 하루에 꼭 두 번 이상씩 색다른 호기심을 발동해야 한다. 그 호기심을 검색창에 비춰 봐야 한다. 호기심이 없다면 지속발전 가능성은 그만큼 희미해진다.

스스로가 지도자가 되어야 한다. 이것이 한국의 비전이다. 모두가 지도자 역량을 갖춰야 한다. 도전력을 높여야 한다. 오직 근무에 앞장서야 한다.

중소기업에 취업과 귀촌도 이 경우에 속한다. 그곳에 뉴 프론티어가 있다. 한국의 신비로움 즉 한국의 문화와 인문학을 탐구하고 이를 전파하여야 한다. 아름다운 한글, 말하기 편한 한국어를 세계에 펼쳐야 한다. 한국 지도자는 지구촌 인류에게 새 빛의 등불을 밝혀야 한다.

이미지는 또 다른 이미지를 만든다

　시대정신에 입각한 대한민국 대학의 존재 의미는 무엇인가? 대학은 대한사람 대한으로 길이 보존하도록 건전한 자유 시민을 육성하는 곳이어야 한다. 자유시민의 덕목과 자질로는 균형감각을 가지며 교양과 전문지식을 토대로 현업에서 업무를 독자적으로 처리할 수 있어야 한다.

　한국의 대학은 포화상태이다. 대학입학 학령 인구는 줄고 있다. 대학이 제대로 돌아가려면 매년 50만 명 이상 입학시켜야 한다. 고등학교 졸업자 수가 줄어들고 있으며 대학 진학률도 계속 낮아지고 있다. 지방대학은 입학생을 채우지 못하고 있다. 벗꽃 피는 순서처럼 남부부터 점차 북부 쪽으로 지방 대학들이 도산할 것이라고 한다. 영세한 지방대학은 제3국 유학생을 유치하여 학교재정 위기를 미루어 나가고 있다.

　문제는 이 유학생들이 불법 취업을 위해 입학을 하고 바로 다음 날 일자리를 미리 마련해 놓은 곳으로 도망을 간다는 데 있다. 대개의 한국의 십 대들은 대입 수년 전부터 서열 경쟁을 미리 준비한다. 좋은 대학에 가기 위해 특목고를 가야 한다고 학부모에게 공포 마케팅을 한다. 그뿐만 아니라 특목고를 가기 위해 중학교 1학년부터 남다른 전략을 가져야 한다고 학부모들을 선동한다. 대학입학 학령인구들은 입학시즌이 다 끝나고 나서 자신의 서열을 눈치챈다. 대개는 받아들이지 못한다.

대학 신입생들 중 설렁설렁 다니면서 재수를 하는 경우가 입학생의 20%는 족히 넘는다. 연간 50만 명이 대학에 입학한다. 그들 중 졸업을 하면서 대학의 운용 목적에 맞고 자신들의 이상을 실천했다고 만족해하는 학생이 60%를 넘지 못한다. 나머지 졸업생들은 졸업은 하였으나 남는 것이 없다고 생각한다. 대학거품 사회에 시대적 희생자로 자리매김하고 있다.

대학을 졸업하고도 취직을 못 해 미취업(실업) 상태에 있는 젊은이가 150만 명에 이른다. 대학은 불량품을 양산하여 팔리지 못하는 제품을 야적장에 적치해 놓은 모습을 연상하게 한다. 매년 50만 명씩 졸업하니까 3년 치 생산 분량을 고스란히 야적장에 적치해 놓은 상태이다.

대학의 수준은 선진국에 비해 어떠할까? 학생들이 보는 책들은 원작물이 아닌 요약본을 본다. 이미지를 키워 나갈 수 없다. 미국의 대학생들은 대개 원작본을 본다. 이미지를 양산한다. 이미지는 또 다른 이미지를 만들어 창의력을 높일 수 있다. 한국의 학생들이 창의적인 에세이를 써 보는 기회를 다양하게 갖지 못한다. 창의적인 에세이를 쓰면 자신이 소유한 이미지들을 더욱 이치에 맞게 또 견고하게 배치할 수 있다. 사고의 기저를 논리 정연함으로 재정리해 놓을 수 있다. 창의적 에세이를 쓴다는 것은 논리 정연함을 무기로 다투는 토론에도 유용하다.

한국의 대학생들이 창의적 에세이를 쓰는 기회가 적음에 우려를 금하지 않을 수 없다. 글로벌 표준에 의하면 이공계에서는 수학 물리 화학 컴퓨터를 필수로 배워야 한다. 문제는 교수나 학생 모두가 왜 이런 것을 배워야 하는지 진지하게 생각을 하지 않는다는 점이다. 단지 해야 하니까 그저 한다는 것이다. 교과과정이 형식적으로 짜여 있어 취직하는 것과는 별반 영향이 없다고 생각한다. 그저 졸업이나 제대로 하는 데에 지장이 없을 정도의 교과과정에 참여한다. 학점은 따기 쉬운 과목으로 몰린다. 과정상 평가 방법으로 상대평가 등으로 엄하게 하는 과목을 학생들이 기피한다.

대학에 거품을 빼야 한다. 먼저 대학 진학률이 현재 비정상적으로 높다. 현재 70%의 대학 진학률을 점차 낮춰야 한다. 10년 이내에 30% 선으로 조정되어야 한다. 졸업정원제를 엄격하게 실시해야 한다. 입학만 하면 누구나가 졸업하는 현 제도로는 대학의 품질을 높일 수 없다. 모든 대학 입학생에게 교양, 수학, 물리, 화학, 컴퓨터를 가르쳐야 한다. 그래야만 문제를 발견할 수 있고 그 문제에 대한 최적의 해를 스스로 찾을 수 있다. 그 해가 최상인지를 스스로 판단할 수 있도록 교육되어야 한다.

　대학이 재정적으로 어렵다고 정부지원의 가짓수와 그 규모가 매년 늘어나고 있다. 이는 대학에 독을 주는 것이다. 정부에 코 꿰어지는 것이다. 대학은 정부지원이 아니라 독자적인 생존 환경에서 살아남아야 한다. 대학에게 학생 선발권과 기부입학 등 자유경쟁 원리가 작동하도록 환경을 개혁해야 한다. 과도한 사교육비를 절감할 수 있는 인프라가 바로 이곳에 있다. 교수들은 자유롭게 대학을 옮겨 다닐 수 있어야 한다. 교육에 있어 개방과 자유 경쟁 체제를 제공해야 한다. 대학정원은 줄이고 대학에 입학한 학생을 철저하게 가르쳐야만 한국에 미래가 있다.

가능성을 보고 비전을 공유하자

57년 전, 서울 경복궁에서 산업박람회가 열린다. 당시 국민소득은 100불 미만이었다. 혁명정부는 1주년 기념 박람회를 추진한다. 출품을 할당받은 기관들은 반발이 심하다. 전시할 게 마땅치 않고 국민소득이 이렇게 낮은데 무슨 박람회냐고 아우성이다. 혁명정부는 밀어붙인다. 박람회의 목적이 혁명의 1주년을 자화자찬하자는 것이 아니다. 박람회 구성이 진지하다. 산업의 발전의 위해 있는 산업을 보여 주어, 국민들이 스스로 산업발전의 부싯돌을 켠다는 것이다.

당시 서울 거리는 6.25의 참상을 그대로 지니고 있는 곳이 많았다. 종로 1가에서 2가 사이에는 폭격으로 건물 옥상이 주저앉아 뼈대만 앙상하게 남은 3층 건물 몇 곳이 그대로 있었다. 전쟁의 참혹함을 간직하고 있다. 광화문에서 동대문까지 걸어가 봐도 큰길가에는 2층 정도가 대부분이다. 그것도 한옥 기와지붕을 하고 있다. 시내버스 번호도 10을 넘지 않는다. 싱글 디지트다. 전차가 다니고 전차표 값은 15환이다. 전차가 서는 곳마다 전차표 판매소가 있다. 20환을 내면 5환을 거슬러 준다. 동냥을 하는 사람이 판매소 옆에서 5환을 적선하라고 한다.

혁명정부는 박람회에 대한 열정이 대단하다. 대한민국이 가진 모든 산업역량을 아낌없이 보여 주자. 감추지 말고 있는 그대로 보여 주자. 국민들이 그곳에서 발전 가능성을 발견하도록 하자. 주요 주제로 몇 가지가 선정되었다. 6.25로부터 배운다, 선진문물의 소개, 한국의 산업 현황, 미래한국의 모습, 주택개량 등이다. 해방 후 50년대 말경 창경원에서 산업박람회가 있었다. 그리고 두 번째이다. 경복궁에서 열렸다. 당시 경복궁은 전체 면적의 80% 이상이 공터였다.

일제강점기에 박람회를 연다고 큰 건물 몇 개소를 제외하고 모두 다 헐었다. 헐린 부재와 건물에 딸린 석조물까지 일본으로 팔려갔다. 경복궁 넓은 터에 다양한 주제관들이 배치된다. 미국의 우주선과 우주인의 우주복을 전시한다. 원자로를 전시한다. 각 시도 전시관이 있다. 서울은 5년 후 발전 모습을 모형으로 보여 준다. 최고 높은 건물이 5층짜리다. 강원도관은 흙벽돌을 전시하고 현장에서 진흙을 물과 버무려 짓이겨 볏짚을 5센티 정도로 잘게 썰어 틀에다 넣어 햇볕에 말린 후 틀을 벗긴다.이렇게 흙벽돌을 만든다.

제주도는 해녀들의 물질을 전시한다. 맨땅을 파고 둥근 나무토막들로 주변 흙이 무너지지 않게 토류벽같이 막는다. 그 안을 물로 채운다. 흙탕물이다. 해녀복을 입은 여자들 몇몇이 물가에 비스듬히 앉아 있다.

국산 직조기가 직접 천을 생산하고 있다. 1인 전시관이 눈에 띈다. 나무 그늘 밑에 있다. 옥양목으로 나선형으로 사방을 둘렀다. 그 속에 무엇을 전시하나 궁금하다. 예쁘게 옷을 차려 입고 머리에는 나비핀을 꽂은 열 살가량의 여자아이가 마이크에다 노래를 부르고 있다. 옆에는 엄마가 응원을 하고 있다. 녹음을 하는 중이다. 플라스틱 판에다 가느다란 핀으로 홈을 내어 녹음하는 방식이다. 크기는 도너스판이다. 열악한 기술이지만 녹음을 하고 싶어 하는 그 욕망이 산업발전의 원동력이다.

즉석 복권이 인기 최고다. 1등 상품은 국산 자동차다. 복권을 파는 곳이 근정전 근처다. 근정전 넓은 문무대신 조회터가 하얗다. 복권을 까고 버린 흔적들이다. 주택 건축 전시관이 관람객들에게 호기심을 자극한다. 국민들은 주택을 개량하기를 원한다. 빈터에다 주택을 새로 짓기를 원한다. 조립식 주택도 전시하고 있다. 전국에서 250만 명이 입장하였다. 그중에는 복권 당첨을 위해 매일 출근하는 사람들도 포함되었다. 박람회가 국민들 마음속으로부터 산업발전의 대폭발이 일어나도록 하였다. 가능성을 보고 비전을 공유했다. 나도 할 수 있다는 자신감을 가지게 되었다.

오늘 대한민국에게 리얼리티 티비 쇼 같은 것 말고, 60년 전의 박람회 같은 대폭발을 유인할 이벤트가 없을까?

지속 가능성을 위해 기본에 충실하라

현재의 헌법이 시행된 1988년 2월 25일(5년제 첫 대통령 취임일)부터 오늘까지 한국경제는 하향 안정적 중저 수준의 성장을 해왔다. 민주화 헌법의 지향점에 맞게 분배와 노동권에 대한 보장이 강화되었고 제조업의 해외 이전이 고도성장을 잠재우게 한다. 고도성장 시대에 수출하던 품목들이 신흥국에 밀리면서 성장률이 둔화되어 8%대 고도성장 시대를 뒤로하고, 올해는 2% 성장률에서 더 떨어지고 있는 중이다.

정치권은 자유 경제활동 시스템을 보장하여야 한다. 정치가 경제를 손보려 해서는 안 된다. 경제 인구는 줄고 노령사회를 향해 급속히 달리고 있다. 노령화지수가 다른 선진국에 비해 가장 가파르게 증가하고 있다. 젊은이들의 실업률은 OECD 최고를 기록하고 있다. 한국의 경제가 당면한 문제는 누구나가 알고 있다. 또한 걱정을 한다. 그러나 이를 정리하라면 제대로 못한다. 수치적으로 표현하라면 더욱더 못한다.

관념이 전부를 지배하는 사회 민낯의 모습이다. 누구나가 알면서도 그것을 개혁하려 앞장서지 못한다고 혹자는 말한다. 그러나 내용이 없다. 팩트에 근거하지 못하기 때문에 수치적으로 표현한 논리적 대안을 내지 못한다.

5년 단임제 시스템이 작동한 지 30년을 넘겼다. 공무원들은 단임제 리듬에 익숙해져 있다. 집권층이 언제쯤이면 그들의 권익신장을 위한 요구에 귀를 기울이는지를 잘 알아 집권 후반기에는 진급도 하지 않으려 한다. 개혁을 왜 하지 않아야 하는지를 그들은 항상 연구한다. 지도자는 강력한 리더십을 행사할 수가 없다. 지속발전 가능성을 담보하는 경제 체제를 위한 헌법개정이 필요하다.

공무원의 신분보장으로 얻어지는 이득의 크기가 국가개조를 통한 이득보다 커서는 안 된다. 세월호를 보면서 한국 권력의 대부분을 공무원이 가지고 있음을 보여 주고 있다. 해방 후 70년간 한 번도 창조적 파괴가 일어나지 않은 곳이다. 모든 법령의 시행령을 공무원이 만든다. 또한 집행을 그들이 한다. 문제는 이들의 가치평가기준이 시장 지향적이지 못하다는 것이다. 그들의 안위가 그들의 책무보다도 상위에 있다. 시장에서는 규제를 철폐하라고 한다. 그러나 그들은 그들의 안위와 맞바꿀 수 없다고 한다.

시장가치의 변화에 앞장서 가야 할 텐데 그들은 그들만의 오묘한 논리를 개발하고 있다. 지금까지의 규제가, 뭐가 어떻더

냐는 것이다. 오늘도 규제는 세분화되고 더욱 오묘해지고 있다. 한국경제의 발목을 잡고 있는 규제를 혁파하든지, 아니면 한국의 규제가 없는 사업을 하든지, 규제가 없는 곳에서 경제를 영위하여야 할 지경에 이르렀다.

저출산이 한국경제를 암울하게 만든다. 저출산은 인구가 준다는 면보다는 인구 구조의 왜곡이 더욱 문제가 된다. 늙은이가 젊은이들보다 더 많은 사회가 건전한 사회라고 보여질까? 석양이 짙게 깔린 사회라고 보게 될 것이다. 저출산의 원인은 무엇인가? 젊은이들이 살기가 팍팍해서 그렇다. 청년실업률, 과대한 비중의 비정규직, 주거비 상승, 개인성취 추구형 가치관의 변화 등이 직접적인 원인이다.

고전적 가족의 가치관이 붕괴되면서 개인적 독립과 만족 추구 성향이 커진 것이 중요한 요인이다. 맞벌이 부부를 위해 초등학교 학생들이 오후 5~6시까지 학교에서 운동하고 취미활동을 한다면 이들에게 도움이 될 것이다.

비정규직 문제는 한국정치가 주범이다. 정규직에게 주어진 노동 3권 등이 고용주를 압박하니까 이것을 피하기 위해 비정규직이 이렇게 양산이 된 것이다. 비정규직 문제가 심각하다면 노동 3권 등을 현실에 맞게 조정해야 할 텐데 정치권이 손댈 엄두를 못 내고 있다.

노동쟁위 시 사용자에게 가한 폭력에 대한 방지 법안들이 국회에서 고사되고 있다. 제조업체들은 결국 외국으로 공장을 이

전하게 된다. 성장률이 떨어지는 이유가 바로 여기에 있다. 경제 주체들 모두가 지금 상황에서 최선을 다하고 있다고 말한다. 대안까지도 경제 집권 주체들이 독식하고 있는 형상이다. 그러나 이들은 아마추어리즘을 벗어나지 못하고 있다.

독일과 이스라엘이 가장 잘나가고 있다. 그 속에는 기술이 있다. 물론 기술 속에는 과학이 있고 과학 속에는 수학이 있다. 수학과 이학을 잘 응용할 수 있어야 과학 기술이 발전한다. 한국경제 주체들에게 수학과 이학을 제대로 가르쳐야 한다.

한국경제의 체질이 허약하다. 이를 강골로 만들어야 한다. 한국의 수출품들이 인문, 과학 및 기술 집약적인 것으로 변혁되어야 한다. 한 차원 높은 인재들이 생산현장에 공급되어야 한다.

오만 가지 규제 그리고 기업의 인재들을 너무나 쪼여 놓으니 창의적인 연구나 발상을 최대로 하지 못하는 것은 아닌지 검토해 봐야 한다. 우리 경제를 구조개혁해야 하고 그 개혁의 핵심에는 한 단계 높은 인문적 정신 가치와 과학 기술로 모든 제품과 서비스가 혁신되어 공급자 파워를 세계 최고 수준으로 유지해야 한다.

시간을 축적하면 좋은 결과를 얻을 수 있다

캐나다 밴쿠버 근교에 빅토리아 섬이 있다. 이 섬에서 가장 유명한 명소로 부차트 가든을 들 수 있다. 120년 전 부차트 부부가 해외 여행을 하면서 정원을 가꾸기로 마음을 모았다. 시멘트 원료로 사용하는 석회석을 채굴하였던 노천 폐광산을 인수하였다. 버려진 황무지에 꽃 씨앗을 심기 시작하였다. 움푹 팬 곳을 메우지 않았다. 그대로 조경을 했다. 그곳은 선컨(움푹 팬 곳) 가든이라 명명했다. 약 6만 평의 대지에 세계적으로 손꼽힐 만한 정원을 가꾼 것이다.

지금도 이 정원은 진화하고 있다. 연간 방문객이 약 백만 명이다. 입장료는 성인이 약 3만 원이다. 입장 수입 외에 다양한 특화상품과 먹거리가 제공되고 있다. 이 정원은 캐나다 정부로부터 국가중요문화유산으로 지정받았다. 많은 돈을 들이지 않고도 세계적인 명물을 만들 수 있다. 단, 꿈과 지속적인 실천이 뒷받침되어야 한다. 사람들은 돈이 많이 들었을 것이라 생각한다.

돈은 입장수입과 가든 내 상품과 서비스 매출 이익으로 충당하였다. 그러니 많은 돈이 필요하지는 않았다. 단지 목표와 전략 그리고 지속적인 실천력을 필요로 했다. 세계 유명한 가든들과 서신 교환을 통해 꽃씨 등을 교환하여 세계각지의 진기한 꽃들을 부차트 가든에서 볼 수 있었다. 관람객들에게 가치를 전할 수 있었다. 수지에 있어 분기점을 앞당길 수 있었다.

부차트 가든에는 정원사 100명, 안전요원 상점 및 식당 종업원들이 50여 명이 된다. 겨울에도 관람객들이 평시와 같게 온다. 넓은 면적은 아니지만 전 세계인들의 가슴 속에 박혀있다. 이 농원의 성공요소가 몇몇 있다.

첫째로는 좋아하는 것을 선택했다. 각광받을 것을 선택하지 않았다.

둘째로는 저예산 분야를 선택했다. 대신 지속적인 노력투자를 했다. 입장수입을 재투자했다. 120년이 지난 오늘도 세계 최고의 경쟁력을 유지하기 위해 창조적 혁신을 하고 있다.

셋째로는 탁월한 선택을 했다. 세계 유명한 식물원들과 꽃씨 교환을 했다. 세계 각지의 다양한 꽃들을 한 곳에서 관람할 수 있도록 정원을 꾸몄다.

넷째로는 방문객들이 정원에 대해 다양한 가치관을 가지고 있다는 점을 배려하였다. 부차트 가든을 여덟 지역으로 구획하고 각 섹터마다 주제를 달리하였다. 관람객들에게 만족도를 높이고 아울러 다양한 주제에 대해 귀중한 체험 기회를 제공하고 있다.

세월이 지난 다음 무엇이 남았는가? 살아 있을 시간이 많지 않다고들 한다. 그래서 이 나이에 뭘 하겠냐고 한다. 시간을 축적하면 좋은 결과를 얻을 수 있다. 당대에 얻지 못할 수 있다. 그러나 시작을 했다는 점이 거룩한 것이다. 시간을 축적함(에이징)으로써 무엇이 이루어지는 산업을 에이징 산업이라 한다.

에이징 산업은 몇 가지 특징이 있다. 저예산으로 시작한다는 점이다. 좋은 선택을 한다. 과정을 창의적으로 설계한다. 힘에 부치지 않게 한다. 지속적으로 한다. 바보들은 말한다. 나에게는 기회가 없어 무엇을 못 했다고 한다. 누구에게나 햇빛이 비추긴 했는데 그것을 시간축적으로 이용하는 사람은 흔하지 않다.

묘목은 햇빛을 쪼이면서 자란다. 장독 속의 간장은 시간을 먹을 때마다 맛이 더해진다. 시시각각 하늘에서 내려오는 축복을 담을 그릇을 준비해야 한다. 결과는 다음 세대에 맛볼 수도 있다.

첫 출근하던 날의 마음은
평생 간직해야 한다

    나의 희망은 앞으로 살아가는 동안 건강하게 사는 것이다. 하고 있는 일들을 계속하여 글로벌 인재를 육성 지원하는 대학원을 설립하고 싶다. 지금 나는 나의 비즈니스를 영위하고 있다. 벌써 30년이 되어간다.

    내가 지금 40년 전처럼 첫 출근을 한다면 어떤 마음일까? 개업을 염두에 두고 있었다. 내 사업을 위한 차원에서 직장에서 무엇을 배울 것인가, 무엇을 준비할 것인가를 선정하면서 열심히 그것들은 준비했을 것이다.

    내가 잘할 수 있는 것은? 나는 무엇을 좋아하고 무엇을 잘할 수 있는 사람인지를 알고 싶었을 것이다. 내가 신용을 얻을 수 있는 방안이 무엇인지를 알고자 했으며 그렇게 실행하기를 결심했을 것이다. 성공한 사업가들은 처음 어떻게 일어났는지 알고자 했을 것이다. 내가 하고자 하는 사업에 대해 필요한 지식, 경험, 도움을 줄 사람들을 찾고 또 그들을 사귀었을 것이다.

직장을 선정할 무렵, 사장과 무릎을 맞대고 회사 발전을 이야기하고 싶었다. 학과 졸업성적이 최우수였다. 취업 추천 의뢰가 졸업예정자 정도로 많았다. 추천받아 갈 업체 선정을 가장 먼저 할 기회가 나에게 주어졌다. 잘 알려지지 않은 회사를 선정했다. 주위에선 놀랐다. 벤처 기업에 입사한 것이다. 나의 아이디어가 회사 운영에 반영되어 나의 가치를 높여나가고 싶었다. 대형현장의 현장소장을 하고 싶었다.

시스템적 운영을 영위하고 싶었다. 많은 일을 한 번에 종합하여 생각하고 판단하여 시스템화하는 것이 재미있었다. 수많은 사람과 장비를 책임 있게 진두지휘하는 것을 하고 싶었다. 새로 시작하는 회사에 기여하고 싶었다. 제도가 잡히고 절차에 따라 움직이는 기존의 체계적인 회사보다는, 새롭게 체계를 정립해 나가는 회사를 원했다.

지방 외진 곳 토목현장에 배치받았다. 내가 해야 할 여러 일이 있었다. 트럭에 흙을 싣고 나갈 때 그 횟수를 헤아리는 작업을 '만보'라고 한다. 뙤약볕에 흙먼지가 자욱한 곳에서 땀을 뻘뻘 흘렸다. 하잘것없는 일을 맡더라도 실망하지 말라고 선생님으로부터 가르침을 받았다. 그 일을 개선할 수 있는 기회를 가진 것이다.

큰일을 위한 준비단계이다. 그곳에도 인간이 있다. 그 인간을 배울 수 있는 귀중한 기회이다. 바를 정正 자의 획 하나가 회사에서 지불해야 할 트럭 한 대분의 운임이다.

다음에 휘하 조직원이 이 일을 하게 될 때 그들이 어떤 마음일 것인지를 알 수 있는 좋은 기회이다. 책으로 배울 수 없는, 일생에 한 번의 기회라고 생각하면서 재미나게, 그러면서도 진지하게 그 일을 했다. 새벽공기를 마시며 현장을 한 번 돌아본다. 어제 저녁에 본 현장이지만 아침에 보는 현장의 맛은 또 다르다.

가장 먼저 현장을 샅샅이 보면서 오늘 해야 할 일을 선정했다. 나의 주머니에는 메모장, 볼펜, 카메라, 줄자, 계산기, 워키토키, 간단한 도면을 소지하고 있었다. 주머니마다 뭔가가 들어 있었다. 흰 헬멧을 썼다.

중장비를 잘 관리하기 위해서는 중장비 운전자(operator)를 잘 관리해야 한다. 그들의 이야기에 귀 기울였다. 그들의 심정을 이해하려 마음을 열고 그들의 마음을 읽으려 노력했다. 그럼에도 그들은 다른 세상에 살고 있는 사람 같았다. 자신이 소유한 장비를 운전하는 사람이 요즈음은 많아졌으나, 사십 년 전에는 대개가 보조기사를 거쳐 운전자로 커온 월급쟁이들이었다. 그러나 이들이 한국의 허리이다.

서울 강남, 현재 갤러리아 백화점 땅을 측량하다가 두툼한 야산에 무덤이 십여 기基가 있었다. 하수도 도관 안에서 기거하는 사람도 있었다. 내가 다니던 회사가 개발을 위해 땅을 측량한다는 소문이 났다. 강남 땅에 관심이 많은 사람들이 큰 승용차를 타고 나타났다. 새로운 프로젝트에 속하게 될 때 기뻤다.

그때마다 회사 자료실에서 관련 서적을 대출받아 집에서 봤다.

첫 출근하는 마음은 계속 간직해야 할 마음이다. 그때 그 마음은? 자유를 만끽하는 기분이다. 학점, 시험 등에서 해방된 기분이다. 내 길을 내가 알아서 펼쳐간다. 왔다 갔다 하는 것을 즐긴다. 새로운 것을 하는 것을 즐긴다. 사람을 만나는 것을 즐긴다. 이 모든 것이 즐겁다. 월급을 장학금이라 생각했다. 더 큰 사람이 되라는 장학금. 내가 버는 돈은 성장하라는 의미로 이 사회가 나에게 주는 장학금이라 생각한다.

일자리를 찾는 젊은이에게

지능중심 사회에서 좋은 일자리는 더욱 줄어들고 있다. IT 및 제품과 서비스의(높아진) 품질이 일자리를 대폭 줄여 놨다. 국가 간의 거래에 있어 시공의 벽이 허물어졌다. 한계비용 제로사회 신드롬이 있다. 추가로 생산하는 데에 추가의 설비투자 및 인력이 필요하지 않다는 의미이다. 이런 현상은 해가 거듭될수록 취업하기가 더욱 어려워진다는 뜻이다.

기존의 패러다임을 신봉해서는 되지 않는다. 주어진 정답은 존재하지 않는다. 취업자 자신이 가지는 새로운 시대정신을 창조하여야 한다. 이 사회는 무심하고 무정하기까지도 하다. 경력을 닦을 기회를 제공하지 않으면서 경력자만을 찾고 있는 게 현실이다.

경력이란 계단을 전제로 한 의미이다. 지금 손에 잡히는 경험의 기회, 이것이 미래를 위한 자랑스러운 경력의 첫걸음이 된다. 낮은 경력, 남에게 알리고 싶지 않은 경력이라도 좋다.

경력에 투자해야 한다. 돈을 모으는 것보다 더욱 값진 선택이 될 것이다. 내놓을 수 없는 경력은 없다. 대신 경력들 간에 사다리를 잘 설계하여 상승효과를 꿈꾸어 보아야 한다.

심사숙고만 하다가 아무런 경력을 쌓지 않는 그 시기가 구직자의 밸류(의미와 가치)를 떨어뜨릴 수 있다. 사회의 몹쓸 가치관이 구직 문제를 어렵게 만들고 있다. 대학의 서열화는 절대 다수의 대학생들을 좌절케 하는 것이다.

명문 대학보다는 명문 학과가 중요하다. 사실은 명문학과보다는 그 학과에서 성공적으로 코스워크를 마친 수료생들이 중요하다. 사회에서 일꾼이 될 수 있는 실질적인 학습 성과가 중요하다. 학습 성과는 남과 다른 방법으로 고유성을 지니고 있어야 한다.

괜찮은 직장과 그렇지 않은 직장이 있다. 이 사회는 직장에도 어김없이 서열을 매겨놓고 그 직장에 취업하는 사람들의 이마에 꼭 같은 등급을 새기고 있는 것이다. 바쁜 세상에 실체를 일일이 알 길이 없으니까 이러한 비인간적인 척도가 난무한다. 구직자도 이런 어처구니없는 척도에 알게 모르게 어느덧 한 통속이 되었다. 자랑하기가 좀 뭐한 일자리는 저 멀리 있다. 왠지 몸과 마음을 던지고 싶지가 않기 때문이다.

이런 일자리를 제3국인들이 대신 하면서 매월 10억 불 이상의 임금을 그들의 본국으로 송금하고 있다. 경력에 투자한다는 마음으로 취업을 준비한다면, 이러한 열악한 직장이 새 출발하기에 딱 알맞은 베이스캠프같이 보여질 것이다.

좋은 직장에 취업이 되었다 하여도, 미래를 향한 철저한 경력 관리가 필요하다. 하는 일이 경험으로 쌓여 점점 더 좋은 일을 할 수 있다. 어떤 일이나 가치와 성과가 지속적으로 확대되기에 앞으로는 더 좋은 일을 할 수 있다.

지금껏 취업 준비한 것 가지고는 취업하는 데에 한계를 느낄수도 있을 것이다. 그 이유가 뭘까? 경쟁이 치열해져서 그럴까? 경기가 불황이어서 뽑는 신입직원의 수가 적어서 그럴까? 어느 정도 이유가 될 수는 있지만, 사실은 구직자들이 고용시장의 니즈를 제대로 읽으라는 것이다. 역설적으로 고용시장이 구직자들에게 메시지를 주고 있는 것이다.

이제는 "시키는 일을 잘 할 수 있도록 준비되었습니다."가 아니라 "나는 지금 이 회사가 무엇을 더 잘해야 할지를 압니다. 그래서 이 회사는 내가 필요합니다."라는 제안을 할 수 있어야 한다. 회사의 면접 질문자들이 그것이 무엇이냐고 물으면 "여기에 쓰여 있습니다."라고 하면서 포트폴리오나, 저서를 내 놓는 것이다.

우리나라 젊은이들이 일하고 싶어 하는 모든 이들에게 일자리를 열어줄 수는 없을까? 먼저 젊은이들이 일한 결과가 더욱 많은 일자리가 만들어지는 그런 일은 무엇일까?

시장만이 이 일을 할 수 있다. 시장은 국내이든 해외이든 어디에나 존재한다. 구직자들은 잡job 시장에 둔감해서는 안 된다. 시장의 흐름을 읽는 데에 남달라야 한다. 회사 입사해서 금방 터득할 수 있는 것을 알고 있다고 자랑하지 말아야 한다. 회사에서도 오랜 시간이 걸려, 아니면 일생을 거쳐서도 이룰 수 없는 그 무엇을 이루기 위해 지금 그 여정을 시작하고 있음을 제시해야 한다. 그것을 평소에 준비해야 한다.

자유 진리 시장을 바탕으로 하는 인류 생태계를 건전하게 가져가는 데에 앞장서야 한다. 무엇인가를 이루려면 상당한 시간이 필요하다. 순차적으로 해서는 원하는 것을 이루기에는 인생이 너무 짧다. 아무것도 이룰 수 없다.

일사일심一事一心은 옳다. 그러나 모든 일은 그 순간에는 그 일만을 해야 한다는 말은 항상 옳지 않다. 일석이조一石二鳥라는 말이 있듯이 구직활동을 하면서 동시에 할 수 있는 것을 해야 한다. 시간이 많이 소요되는 것들 중 우선순위가 높은 것을 골라내야 한다. 그리고 이것을 바로 오늘부터 실행해야 한다.

자기의 심정을 글로 써서 나타내야 한다. 그렇지 못하면 그 사람의 말도 신빙성이 낮아 보인다. 주경야독하듯이 틈만 나면 글쓰기를 하여야 한다. 글을 쓰면 거기에서 배우는 것이 많다. 평소 관심 없었던 것까지 눈과 귀를 열게 되며, 새로운 것을 얻고 깨우치게 된다. 또 말을 조리 있게 하게 된다. 첫 말 한 마디가 중요하다. 취업자의 지적 성장의 기록이 만들어지는 것이다. 결국은 취업의 기회를 가지게 된다. 비전이 있어 보이는 모습은 하루아침에 이루어지지 않는다.

지금부터 매일같이 미소 짓는 연습을 해야 한다. 미소를 자연스럽게 짓게 되면 긍정의 마음이 움트게 된다. 눈빛으로 나타난다. 진정한 미소는 입가뿐 아니라 눈 가장자리까지 미소의 표정이 나타나게 된다. 첫인상이 중요하다.

　스스로가 무엇을 원하는지를 먼저 정해야 한다. 그러면 그 원하는 것을 이룰 수 있다. 원하는 곳을 얻을 수 있는 방법을 현장에서 배울 수 있다.

　대세만 너무 믿지 않기를 바란다. 국지적인 예외들이 의외로 존재한다. 결혼도 또 결혼 후 출산도 이 모든 것이 인생의 황금기에 누릴 수 있는 기쁨인데 오히려 이것들이 부담이 되어서는 안 된다.

　현장의 현자賢者들은 그것을 구직자에게 가르쳐 줄 것이다. 갓 출범한 스타트업(신생 벤처기업)의 직원들과 같은 열정과 패기 고유한 창의력으로 재무장하여 미래를 행한 새로운 방향으로 걸어가길 바란다.

집단적 사고의 오류

아흔을 넘어서 후회를 하는 분이 있다. 내가 이렇게 오래 살 줄 알았다면 이렇게 살지는 않았을 것을. 일을 놓은 지가 어느 덧 삼십여 년. 그동안 편안하게는 살았으나 아무것도 이룬 것 없이 허송세월 한 것이 안타깝다고 한다.

300년 전 사람인 황흠은 나이 여든에 귀촌하여 밤나무를 심 는다. 동네 사람들이 비아냥거린다. 영감이 지금 밤나무를 심 어 살아생전에 열매를 따 먹을 수 있겠는가라는 말에, 황흠은 후손이 따 먹어도 좋지 않겠는가라고 대답한다. 10년 후 밤을 따, 동네 사람들에게 맛을 보게 한다. 후손이 맛볼 것을 동네 사람들이 먼저 맛본다고 하면서 오히려 핀잔을 돌려준다.

거제도 남단 일운면 예구마을 끝자락에 공곳이 수선화 동산 이 있다. 한 할머니와 할아버지가 호미로 일군 꽃밭이다. 온 밭 에 노란 수선화가 가득하다. 거제도의 8경 중 하나로 손꼽힌다. 지금은 많은 관광객이 방문한다. 조그마한 가게에선 수선화 한

묶음을 판다. 할머니의 긴 호흡의 한 자락을 함께하는 동반자에게 선물하고 싶게 한다. 두 늙은이가 아무 자본도 없이 이루어낸 인생 쾌거이다.

인생 2막은 1막과 달라야 하는가? 1막과 2막 사이에는 정년 또는 퇴직이라는 관문을 통과한다. 리타이어라고 한다. 이 단어를 해자하여 보면 지금까지 사용한 타이어를 다른 용도에 맞는 것으로 바꿔 끼운다는 뜻이다.

1막에서 사용하던 타이어가 포장용 타이어였다면, 2막에서는 비포장도로용으로 갈아 끼울 수 있다는 뜻이다. 1막에서 생활의 위험 때문에 모험을 할 수 없었다면 2막에서는 약간의 모험을 동반하는 새로운 분야에 몰입할 수 있다는 의미가 된다.

50대 중반 이후는 인생 2막에 해당한다. 대다수의 당사자들은 2막의 공간이 앞으로 60년간이라는 사실을 모른다. 1막을 위해서 준비한 것들이 많다. 학력, 경력 등이다. 이런 것들이 2막에서는 잡다한 과거의 사실일 뿐이다. 아무런 도움이 되지 않는다.

미국으로 이민 간 사람들의 이야기를 들어 본다. 한국에서 하던 직업, 한국에서 사회적 대우 등을 하루빨리 잊고, 미국사회에서 가치 있는 부문에 깊게 적응해 나가는 사람이 성공한다고 한다.

인생 2막을 제대로 준비하려면 1막에서 성공이나 성과를 빨리 잊어야 한다. 2막 사회는 1막 사회와는 완연히 다르기 때문이다. 과거로 가는 기차는 오지 않는다. 미래로 가는 기차는 오긴 오는데 생경하여 타기가 두렵다. 과거의 사례대로 하는 것이 안전하다고 한다.

안산시 상록수역 앞 거리에는 가구점들이 모여 있다. 약 30여 개 점포들이 즐비하게 펼쳐져 있다. 어쩐지 활기가 없어 보인다. 가구에 대한 가치가 변하고 있다. 1인 가구가 많아지면서, 가구는 외관을 중시하지 않고 오로지 기능 위주다. 인터넷으로 가장 싼값에 기능을 갖춘 가구를 주문한다. 이케아에서 가구 조립 부품을 사는 경우도 있다. 완성품 가구를 가구점에서 사는 일이 대폭 줄어들었다. 모든 부분에 이유가 숨어있다.

1막 시절의 수준으로 2막을 준비해서는 되지 않는다. 과거의 관행, 과거 삶의 패턴 등이 인생 2막을 오도시킨다. 이제부터 푹 쉬어도 된다고 한다. 아무것도 하지 않고 편하게 놀아도 된다고 한다. 이러한 삶은 점점 짙어가는 안갯속으로 걸어가는 것과 같다. 걷긴 걷는데 이것이 옳은 방향인지 그렇지 않은지를 몰라 조금씩 불안해지기 시작한다.

생경한 미래로 가는 가치를 스스로 설계해 본다. 인생 2막 60년 간의 공간을 스스로 창안해 본다. 지성과 감성의 활동이 왕성하도록 한다. 미래형 삶의 의미를 되뇌인다. 삶의 패턴은 단순 반복되지 않는다.

약점을 강점으로 표현할 수 있는 기회, 프레젠테이션

　자유 공정 경쟁 사회에서 프레젠테이션의 역할은 날로 커져 가고 있다. 성공적인 프레젠터가 되기 위한 자가 점검 사항을 제안한다. 프레젠터의 발표 위치를 잘 선정하는 것이 중요하다.

　발표 시 평가자의 눈을 응시하면서 진행해야 한다. 등을 보이면서 발표하는 경우 이는 평가자를 지루하게 만드는 원인이 된다. 평가자의 눈과 관심을 잡아 리드를 해나가야 한다. 평가자가 집중력을 잃지 않게 해야 한다. 발표자의 핵심 가치를 전달받을 수 있게 해야 한다.

　평가자들과 첫 대면에서 발표자가 인사를 하는데 최고의 모습을 연출하라. 너무 굽힌 허리, 너무 숙인 머리 등 상체의 모습이 평가자에게 어떻게 받아들여질지를 사전 설계하라. 몸으로 때우겠다는 뜻으로 받아들이지 않도록 하라.

　발표자는 용역 판매자, 평가자는 용역 구매자이다. 둘 간에 대등한 관계이다. 서로에게 도움을 주고받을 수 있는 관계임을 자부심으로 여기자. 눈빛과 외관이 우선 중요한 점검 사항이 된다. 발표자를 선정할 때 외관이 멋진 사람이면 더욱 좋다. 평가자들은 약간의 선입관이 있음을 전제해야 한다.

외관 중 가장 중요한 포인트는 눈빛이다. 전달되는 말의 가치가 탁월할 때 외관의 나이스함을 압도할 수 있다. 눈빛이 강하게 유지되도록 한다. 강함보다는 부드러움이 좋다. 설득의 미학이다. 강함은 힘센 이미지를 연출한다. 지성과 창의성과는 어느덧 멀어져 보인다. 부드러움을 이미지화한다. 유연함으로 연결된다. 고지식해 보이지 않는다. 평가자 측에서 해결해야 할 과제를 잘 소화할 역량을 갖춘 것으로 인식된다.

발표 내내 자신감과 충실성을 과시할 필요가 있다. 긴장한 모습보다는 미소 띤 모습이 좋다. 목소리는 표준말로 명료하게 표출되어야 한다. 평가자가 제대로 발표자의 말을 경청하고 있는지를 점검한다. 혹시 지루해 보인다면 변화를 주어야 한다.

그 이유가 무엇인지를 순간 알아내야 한다. 이를 해결해 나가는 방식의 발표여야 한다. 목소리는 평가자가 가장 듣기 편한 상태이어야 한다. 적정한 스피드, 톤, 볼륨이어야 한다.

억양도 중요하다. 강조하고 싶은 곳에서 평소와는 다르게 표현해 본다. 억양을 반대로 가져갈 수도 있다. 또는 말의 속도를 다르게 한다. 스타카토식으로 표현할 수도 있다. 핵심가치를 전달하는 부분에서 더욱 차별된 표현이 필요하다.

바디랭귀지를 너무 쓰지 말라. 한국의 문화에서 제스처는 아직 성숙되어 있지 못하다. 표준화가 되어 있지 않다. 제스처를 권장하지는 않는다. 그러나 정말 강조하고 싶은 곳에서 평가자에게 손으로 지향할 수 있다. 이런 강조 행위는 발표 중 두세 번으로 제한한다.

발표 중 몸이 너무 굳어져 보이지 않도록 한다. 부드럽게 보여야 한다. 발표 도중 평가자에게 약간의 휴식을 부여한다. 발표 방법을 약간 변화를 주는 것도 고려해 본다. 스크립트를 그대로 읽지 말라. 각 슬라이드의 소제목만 확인하고 그곳에서 꼭 전달해야 할 핵심 가치를 적확하게 전하라.

발표자가 지닌 이미지와 전달하고자 하는 핵심 가치를 일체화시켜라. 쓰인 글을 읽는 것은 자살 행위나 마찬가지이다. 평가자의 반응을 보면서 발표의 방법을 적의하게 조정해 나가야 한다. 평가자가 잘 이해를 못하는 것 같으면, 다른 방법으로 표현을 다시 할 수 있다. 좋은 발표는 평가자가 궁금해할 때쯤 그것을 설명하는 것이다.

솔직해야 한다. 누구나가 완벽하지 않다. 평가에 있어 만점을 받을 수 없다. 감점을 각오해야 한다. 그러나 경쟁자보다 나아야 한다. 주어진 문제의 본질을 정확하게 이해하고 있음을 제시하여야 한다. 최적의 해결 방안을 제시한다. 창의적으로 차별화하여야 한다. 특출하지 않으면 결국은 지고 만다. 대개의 경쟁자들은 연륜, 규모, 지명도 등이 뛰어나다. 간단한 동영상과 적절한 음향 파일을 곁들이는 것도 고려한다.

　클로징을 감격적으로 연출한다. 발표 장소는 평가자와 함께 영원히 기억될 만한 곳임을 지적한다. 이번 발표 내용이 제안 요구와 꼭 맞으며 평가 기관의 장단기 발전계획의 일환임을 상기시킨다. 또한 평가자들과 일치된 염원을 실현하는 길임을 천명한다.

　질의응답이 50% 이상 중요도를 차지한다. 질문의 요지를 잘 이해한다. 질문 속에 숨은 의도는 무엇인지를 알아내야 한다. 약점이 없을 수 없다. 답할 때 이를 어떻게 극복할 수 있을 것인지 사전 준비가 있어야 한다.

　조직의 창의력과 집중력으로 이를 극복할 수 있음을 확신으로 보여 주어야 한다. 일관성이 없어 보이는 부분에 대해 송곳 질문이 들어올 수 있다. 이러한 지적에 대해 간단히 감사의 뜻을 전한다.

　핵심가치를 제한된 공간에서 효과적으로 표현한 결과임을 제시한다. 약점을 강점으로 표현할 수 있는 절호의 기회가 바로 프레젠테이션이다.

청년 일자리난은 기회가 왔다는 뜻이다

　인구 변화가 경제 역동성을 잠식하고 있다. 경남 하동군 악양면 1960년대 중반, 초등학교 학생은 전체 3개교에 걸쳐 1,000명 수준이었다. 2020년대 현재는 하동군 전체에 1,500명이다. 초등학생들이 소비하는 모든 재화와 용역의 시장이 축소되었거나 없어졌고, 노령층은 돈이 있으나 미래가 걱정이 되어 소비에 적극적이지 못하다.

　인구 절벽 시대에 과거와 같은 내수 시장은 축소되거나 왜곡 편재되고 있다. 좋은 일자리가 줄어들고 있다. 일할 사람이 줄어드는 것보다 좋은 일자리가 더 급격하게 줄어들고 있다. 요즈음 한국경제 증시는 오르나 실물경제는 추락 중에 있다. 코로나19 사태 이후 내수시장의 추세는 급격히 변하고 있다. 판매장이 없어지고 비대면 거래가 증대되고 자동화로 인력감축 중이다.

　무인 모텔, 무인 주유소, 햄버그 가게 키오스크 등이 좋은 예가 된다. 60세 이상이 취업하는 가짜 일자리는 늘고 있다. 청년 실업률은 사상 최고치를 매월 갱신하고 있다. 전 세계에서 이탈리아, 독일이 초고령 국가이고 한국은 세 번째 나라가 되고 있다. 세계적으로는 청년 취업률은 높아져 가고 있는데 한국은 취업률이 낮아지고 있다.

독일은 고졸이 취업하는 구조, 이탈리아는 해외 취업으로 활로를 타개하고 있다. 한국은 고졸 중 70%가 대학에 진학한다. 좋은 일자리 쟁탈 리그전에 2년 내지 3년을 소모한다. 좋은 직장을 위해 참고 시간을 더 투자한다. 취업시장은 다중 구조화로 구성되어 있어 대졸과 비대졸, 대기업과 중소기업, 수도권과 비수도권 등으로 다차원 분화되어 있다. 비정규직 비율이 높아져 가고 있다.

시장에는 임금 격차로 표현되는 계급이 형성되어 있다. 대기업 정규직, 대기업 비정규직, 중소기업 정규직, 중소기업 비정규직 등 4계급으로 구분된다. 청년 자신이 한국사회에서 어떤 사회적 등급이 매겨질 것인지를 염려한다. 20년 전부터 스펙 전쟁이 있었다. 노동시장에서 스펙의 위력은 점차 시들고 있다. 대신 경험이 있느냐에 초점이 맞춰지고 있다.

양질의 팔리는 재화나 용역 생산량 Y는 $Y = f(K, L)$로 표현한다. K는 자본, L은 노동이다. 노동의 질이 떨어져 시장에서 팔릴 만한 생산량 Y가 늘어나지 못한다. 생산요소에 문제가 있다. 자본과 노동이 생산요소다. 노동생산성은 노동의 질로 표현할 수 있다. 작업의 분업 등의 시스템화, 노동 조건의 개선, 기계화 등이 노동의 질을 결정했다. 노동의 효율화였다. 노동의 효과화가 절실하다.

노동 수요가 늘지 못하는 결과를 맞이하고 있다. 공급자 측은 배우지 않았거나 경험하지 못한 분야의 일을 시키면 못 한다고 한다. 시장은 혁신을 원하는데 청년들은 시키는 일만 하려고 한다. 수요자(기업)는 4차 산업혁명시대에 걸맞는 인재를 원한다. 경력을 쌓을 기회를 주지 않고 경력자를 찾는다. 시대가 변하는데 대학까지의 교육은 답보상태다.

수월성 교육, 창의적 교육은 요원하다. 시장이 원하는 인재와는 날이 갈수록 더욱 멀어져 가고 수리능력, 문제해결능력은 세계적 중하위권에 속한다. 창업을 두려워하고 실패를 두려워하며 평생 재기 못 할 것이라 미리 겁을 먹고 있다. 청년 인재 재양성을 위한 뉴딜 정책은 요원하다. 정부의 투자 여력은 태부족이다. 땅 짚고 헤엄칠 정도인 양질의 일자리는 존재하지 않는다. 안정된 직장이란 더 이상 없다. 열정과 새로운 시각에 도전을 향해 엔진에 시동을 걸어야 한다. 빈틈을 발견하라.

다른 방법을 찾아라. 새로운 길을 창안하라. 해외로 취업기회를 가져라. 인생 수명주기 전략을 재설계하라. 소속된 곳에서 구조조정을 당한다면 오히려 더 기뻐해야 한다.

새로운 시각으로 더 넓은 곳에서 새롭게 놀아라 하는 기회를 준 것이기 때문이다.

사회적 서열 극복하기

결혼정보회사의 회원가입 신청서 기재항목에서는 '당신의 서열은 몇 번째입니까?' 를 우회적으로 묻고 있다. 신청서를 다 채우고 나면 컴퓨터가 등급을 매겨준다. 그 등급이 바로 사회적 서열이다. 한국인은 지금 사회적 서열이라는 수레바퀴에 치어 허우적거리고 있다. 정신적 공황 상태를 벗어나지 못하고 있다.

사회적 서열상 앞서려는 사례는 셀 수 없을 정도로 많다. 아파트 값이 오르는 이유 기저에는 서열상 앞서겠다는 욕망이 있다. 남들이 알아주는 곳, 넓은 평수에 살아야 사회적 서열이 올라간다고 믿고 있다. 서울 집 중 특히 강남 선호 현상의 원인이기도 하다.

한국의 교육열은 전 세계 어디에 비해 봐도 과열 그 자체다. 유교 문화권 안에 있는 여러 국가들보다 심하다. 자식만큼은 잘 배워야 한다는 일념, 그 근원이 따로 있다. 자식만큼이라도 부모 당사자보다 사회적 서열이 높아져야 한다는 욕망이 깃들어 있다. 높은 교육열의 원천은 학생 스스로가 선택한 학문의 길이 아니다. 학벌을 획득하기 위해서이다. 커트라인을 의식하고 일단 붙고 보자식 응시를 한다.

입학과 동시에 경제사회에 살아남기 위한 생존 차원의 취업 준비에 몰두한다. 4차 산업혁명의 파고는 아랑곳하지 않는다. 인공지능시대에 필요한 수학과 응용통계 등을 멀리한 지 오래되었다. 아파트 값 폭등, 사교육비 부담, 청년취업난, 신생아출산율 최저 등의 산적한 과제를 풀어야 한다.

대한민국은 국가사회봉사자로서, 아니 희생을 각오하는 국가사회지도자를 기다리고 있다. 그러나 지금의 세태는 국가최고지도자의 자리도 한낱 사회적 서열 높이기용으로만 보인다. 지금 우리 사회는 한국인의 콤플렉스를 스스로 벗어나야 국가적, 사회적 난제들을 풀 수 있다는 당위성을 내포하고 있다. 사회적 서열에 연연하지 않는 새 시대를 위한 가치관의 발현을 기다린다. 경직된 단순 가치관에 의한 사회적 서열을 타파해야 한다.

개개인이 남과 다른 인격, 태도, 가치, 재능, 취미 등을 가졌을 때 '캐릭터가 있다' 라고 한다. 캐릭터로 형성될 만한 행동에 대해 진솔한 칭찬을 해 준다면 스스로가 캐릭터를 발견하는 데 도움이 된다. 인공지능 시대에 캐릭터는 졸업장, 성적표, 토익 성적보다도 더욱 가치가 있다.

초등학교 시절부터 학업성적으로는 꼴찌를 하는 한이 있더라도 무엇에 관심이 있는지, 또 자신의 특기가 어디에 있는지를 스스로 발견하는 기회가 주어져야 한다. 미래 사회에서 스스로에게 주인이 되는 길이다. 미래 주인공들은 이 우주에서 유일한 생물학적 고유성을 가지고 태어났다. 스스로의 캐릭터를 발견하고 이를 키워나가는 것은 스스로의 몫이다.

스스로 캐릭터를 발견하는 방법들이 몇몇 있다. 신문이나 잡지 또는 웹 서핑을 하면서 눈이 상대적으로 오랫동안 머무는 곳, 이곳이 바로 관심분야일 확률이 높다. 스스로의 특장점이 관심분야와 결합이 된다면 훌륭한 캐릭터가 탄생하는 것이다.

현존 인공지능 사회의 특징 몇 가지가 있다. 캐릭터를 바탕으로 하는 일은 인공지능으로 대체되지 않는다. 이런 일에는 정년이 없다. 자신만이 갖는 가치 있고 유일한 캐릭터가 바탕이 된 일은 더 이상의 일이 아니다. 그것은 바로 놀이다. 일감이 바로 장난감이다. 일을 장난감 가지고 놀듯이 하는 사람이 결국은 성공하고 있는 사람이다.

성공의 장난감을 가지고 놀다가 무덤까지 가져간다. 놀이를 시대가 요구하는 수준 이상으로 잘 해야 한다. 영어, 수학 등이 필요하다. 평생 학업을 게을리하지 않는다. 누구와도 대비되지 않는 고유한 캐릭터를 가진 사람이 서열 1위이다. 캐릭터는 미래사회의 지대, 자본, 기술이다. 우리 사회는 서열에 연연하지 않는 새로운 국가사회의 구성원들을 기다린다.

생각은 크게 하고 시작은 작게 하라

실물을 이미지화한다는 것은 본질적 실체만으로 단순화시켜 머릿속으로 가져오는 것이다. 이미지는 만져보고, 이리 저리 가지고 놀 수 있다. 늘어뜨려 보기도 하고 다른 이미지와 꼬아 보기도 하고 팔레트 위에서 섞어보기도 한다. 이런 놀이에는 시설이 따로 필요 없다. 이미지를 가지고 놀이를 하다 보면 좋은 일이 많이 생긴다.

상상 자체는 돈을 버는 것은 아니지만 돈을 헛되게 쓰지 않는 방책을 마련해 준다. 상상은 좋은 대안들을 마련하는 데 필수적이다. 또한 상상은 좋은 대안들 중에서 가장 우수한 최적안을 도출하는 과정을 선택하여 발전 전략과 과정상에서 살아 움직이는 실용적인 것이며 객관성과 지속발전 가능성을 지니고 있다.

평소에 상상을 많이 했을 때 구상이 효과적으로 이뤄진다. 머리가 잘 돌지 않는다는 말은 바로 상상을 많이 하지 않았다는 말이다. 상상을 많이 하면 머리가 잘 돌아간다. 숨어있는 귀중한 리소스를 발견하여 소중한 곳에 잘 사용할 수 있다. 평소의 상상은 가용한 모든 지적 리소스를 가용권 안에 두게 된다. 쉽게 찾아 쓸 수가 있다. 상상은 창의의 원천이다. 융합(컨버전스)은 상상을 통해 형성된다. 상상의 여러 방법들이 있다.

환경 변수를 변화시킨다. 주체와 대상을 바꾸어본다. 시간대를 변화시킨다. 장소를 변경시킨다. 주변 여건을 변화시켜 본다. 지도나 위성사진을 보면서 실제 현장의 모습을 상상한다. 그곳에 살아 숨 쉬는 사람들과 대화를 해 본다.

여러 이해관계자들이 있다. 이들의 입장에 서 본다. 공급자의 입장, 수요자의 입장 등. 수많은 법령이 있다. 상상의 주체를 가지고 여러 법령에 관계자들의 입장이 되어 본다. 법령에 따라 혜택을 보는 사람 또는 어느 법령으로 의무를 지고 있는 사람들의 입장이 되어 본다. 사회 구성 계층별 느낌, 가치관 등을 각각 달리 가져 본다.

상상의 주체를 누군가에게 제안해 본다. 예상되는 예산이 1/3로 줄었을 때 어떻게 변화가 오는 것인지? 예산이 3배로 증액되었을 때 제안의 내용을 어떻게 바꿀 것인지? 제안하는 모습을 그리면서 옆자리에 경쟁자가 같이 있다고 상상하라.

경쟁자보다 무엇을 차별적 비교우위에 선 가치로 전달할 것인가를 상상하라. 상상의 주체를 현장에 가져가 봐라. 그것이 현재 가동 중에 있는 곳에 상상의 비행접시를 타고 날아가 봐

라. 그곳에서 어떻게 거래가 이뤄지고 있는지? 누가 돈을 벌고 있는지? 돈을 버는 이유는 무엇인지? 트렌드는 어떤지? 현장에서 거래가 이뤄지는 모습을 육하원칙으로 각각 상상할 수 있다.

생각하는 시간을 많이 갖자. 그리고 상상을 스케치하라.

제5편 _ 사고思考

따뜻한 가슴이 경쟁력이다

미소는 자신감의 또 다른 표현이다

프랑스의 어머니들이 초등학교 아이에게 '너의 모습 때문에 다른 친구들이 즐겁지 않게 되어서는 안 된다' 고 가르친다. 자신이 좀 기분 나쁘거나 우울하더라도 그것을 그대로 표현하지 말고 주변 친구들에게 영향을 끼치지 않도록 주의하라는 말이다. 어렸을 적 아이들은 항상 미소 띠는 교육을 받는다. 미소의 효과는 여러 곳에서 발견할 수 있다. 우선 혈액순환에 도움이 되고 몸속의 혈관을 이완시켜 최적의 상태로 만든다.

몸 속 혈관의 총 연장은 지구를 두 바퀴 반 정도로 감을 수 있다. 모세혈관에서의 혈액의 속도가 대동맥에서의 속도보다 천분의 일로 느려진다. 얼굴이 굳어 있으면 혈액순환이 멈출 수 있다. 노화가 빨리 오거나 잔주름이 많이 생기게 된다. 일소일소 일로일로─笑─少─怒─老이다.

미소를 머금고 있으면 어느덧 자존감이 높아 간다. 자신에게 봉착한 여러 복잡한 문제를 모른척하고 있지는 않는다. 미소는 자신감 있게 하나씩 잘 헤쳐 나가고 있음을 표시한다. 자신감의 또 다른 표현이다. 미소 띤 모습은 좋은 첫인상을 남기는 효과가 탁월하다.

매일 아침 처음으로 거울을 볼 때 미소 연습을 할 수 있다. 거울에 얼굴이 비춰지기 전에 먼저 미소를 머금고 거울을 본다. 그리고 여러 모습으로 변경해 본다. 가장 자연스러운 모습을 찾아본다. 이런 훈련을 30년 이상하게 되면 어느덧 얼굴의 숨구멍이 변한다. 가만히 있어도 미소 짓고 있다. 웃지 않고 있을 때의 숨구멍의 모습은 위아래로 서있는 모습이다. 30년쯤 지난 숨구멍의 모습은 귓가에서 입술 방향으로 비스듬히 길게 기울어져 있다. 살아 움직이는 모습이다. 미소 띨 일이 많아서 미소 짓는 것이 아니라 미소 지으니까 결국 또 미소 띨 일이 많아진다. 미소 짖는 연습은 미소 띨 일을 당겨 온다.

미소를 짓게 되는 것이 성격에서 묻어나는 것이 아니다. 성격을 바꾸는 데에도 미소 짓는 훈련이 좋다. 긍정적 생각〔思考〕을 가지는 것이 미소를 띠게 되는 첫째 단계가 된다. 미소를 띠는 훈련을 하라. 매일 아침 한 번씩 하라. 이를 더 이상 할 수 없을 때까지 하라. 보여주기 위한 미소가 아니라 스스로에게 필요하기 때문이다. 일생에 필요하고도 귀중한 자산이다.

근육노동시대에 근육질이 강한 사람이 경쟁력이 있었다. 정신노동시대에는 머리와 태도가 좋은 사람이 경쟁력이 있었다. 감성자본시대에는 가슴이 따뜻한 사람이 경쟁력이 있다. 가슴이 따뜻한 사람은 미소를 띠고 있다. 이미지Image의 어원은 라틴어에서 근원한다. 마음의 모양(心象)이라는 뜻이었다. 심상이 얼굴에 나타난다. 그것이 그 사람의 이미지가 된다. 그 사람의 분위기가 배어 나오는 내면의 이미지는 초두효과初頭效果로 작용한다. 감성중심 사회에서 매우 중요한 요소이다.

안동 하회탈(국보 121호)은 미소의 교과서이다. 눈가에 주름이 귀 쪽으로 굵게 가있다. 백제시대에 조성한 서산 용현리 마애여래삼존상(국보84호)은 미소를 가르친다. 해의 위치에 따라 미소의 모양과 분위기가 달라진다. 반가사유상(국보78호)의 미소는 모나리자의 미소보다도 아름답다. 국립중앙박물관에는 반가사유상 앞에서 하루 종일 앉아 그 미소를 감상하는 사람들이 있다.

인류사에서 가장 멋있는 미소는 염화시중의 미소(拈華示衆 微笑)이다. 이심전심의 미소이다. 말은 뜻을 제대로 전달할 수 없다. 그래서 염화시중의 미소를 그리워한다. 잘 때라도 미소 띠고 자라.

수학은 삶의 즐거움을 도와주는 친구

"삼각형 내각의 합이 왜 항상 180°예요?"

초등학교 저학년인 손자의 질문이다.

"할 수 없지 뭐. 그렇게 정해진 걸 어떻게 하니? 그런 줄 알고 암기나 해 놔라." 손자가 혼자 말한다.

"머리 아프게 그런 걸 무엇하러 암기해 놓죠?"

수학 포기자를 어려서부터 기르고 있는 중이다. 수학은 공부하는 대상이기보다는 생활 속에서 삶의 즐거움을 도와주는 친구임을 가르쳐야 한다. 삼각형의 내각의 합이 180°가 되는 것을 알기 전에 알아야 할 게 있다. 각이 어떻게 만들어 지는지를 먼저 알아보자. 각이 있으려면 점과 기준선이 있어야 한다. 점 이름을 꼭지점이라고 한다. 꼭지점을 중심으로 기준선에서 출발한 선이 움직(회전)인 만큼을 표현한 것이 각도다.

각도는 기준선에서 얼마만큼 회전하였는지를 남에게 알린다든지, 기록으로 남길 때, 신문명을 창안할 때 유용하다. 일직선은 중간에 점이 있다고 보면 180° 상태로 놓여 있다. 일직선이 가느다란 실 두 겹으로 되어 있다고 보자.

이 상태에서 땅속에서 움이 트듯이 가운데쯤 점이 있는 곳에서 조금씩 올라온다. 삼각형이 만들어지기 시작한다. 처음 시작할 때쯤 삼각형은 심하게 못생겼다. 양 끝은 뾰족하다. 가운데 점은 둔각이다. 양 끝은 예각이다. 가운데 점이 점점 더 위로 올라간다. 삼각형이 가장 아름다운 상태, 세 점의 각이 각각 60°일 때이다. 가운데 점이 좀더 위로 올라간다. 이제는 가운데 점이 뾰족해진다. 양쪽의 두 점은 60°보다 더 커진다. 이처럼 삼각형이 아무리 모양이 바뀌어도 세 각은 서로 보완 관계이다. 삼각형은 180°인 일직선에서 탄생하였다. 세 개 내각의 합은 항상 180°이다. 삼각형의 세 각의 합이 180°인지를 손으로 만져서 확인해 보자.

실 중간점에서 조금씩 위로 자라나는 단계가 있다. 이 모습을 종이에다 그린다. 양 옆으로 쭉 벌어진 삼각형이다. 이 삼각형을 세 조각으로 나눠 가위로 오려본다. 각이 있는 곳으로 세 조각을 모아 붙여 본다. 세 조각이 모인 각의 합이 얼마인지 분도기로 재어 본다. 180°가 나온다. 또 다른 모양의 삼각형을 만들어 본다. 그리고 처음같이 자르고 풀로 붙여 본다. 각을 재 본다. 역시 180°가 나온다. 어떤 모양의 삼각형이든지 그 내각의 합은 항상 180°가 된다.

아이가 셋 있는 집 엄마가 피자 반 판을 사왔다. 세 아이들에게 사이좋게 먹으라 했다. 그중 욕심 많은 녀석이 좀 많이 잘라 갔다. 나머지 두 아이들이 조금 적게 먹게 되었다. 힘센 녀석은 60°보다 좀 많게 잘라 가졌다. 나머지 아이들은 60°보다 작게 나누어 가지게 되었다. 어떤 제약 속에서 참여자들이 선택하게 되는 경우의 수들이 서로에게 배치되는 것을 서서히 느끼게 된다. 제로섬 게임이다.

삼각형 원리를 응용하여 고대 이집트에서 측량을 했다. 나일 강이 범람하여 농토들 간의 경계가 모두 지워져 버렸다. 삼각 형을 이용한 측량으로 범람 전의 모습을 재현할 수 있었다. 현재에도 측량을 할 때는 삼각형의 원리를 이용한 삼각 측량을 한다. 현 위치를 알 때에도 삼각형 원리를 이용한다.

지구 둘레로 저궤도 위성 24개가 돌고 있다. 이들은 자기의 위치와 현재의 시각을 방송한다. 지상에서 5~6개 위성으로부터 시각 정보를 받는다. 각 위성들이 보내고 있는 위치와 시각 간의 차이(거리)를 삼각형의 원리를 이용하여 계산해 본다. 현재 지상의 위치와 높이를 알 수 있다. 삼각형 내각의 합이 180°라는 사실을 재미나는 스토리텔링으로 소개한 예이다.

삼각형을 가까이할 때 미래 꿈을 함께 전한다.

공공 디자인이 주는 행복감

지하철 노선은 각각 한 노선으로 표시되어 있다. 몇 호선이라 칭한다. 특정 색깔로 구분된다. 같은 노선 명에 지하철은 사실 서로 다른 방향으로 가는 두 개 선로로 되어 있다. 노선을 안내하는 디자인은 공공 디자인에 못 미친다. 공공 디자인 급에 못 미치는 디자인을 관공 디자인이라고 한다. 관공서 저희들끼리 하는 수준의 디자인이라는 뜻이다. 공공 디자인에서 지하철 이용 고객은 누구인가? 인지능력이 보통사람보다 떨어지는 사람들 눈높이를 기준으로 해야 한다.

의왕역에서 1호선 전철로 관악역까지 가려고 하는 사람이 있다. 주로 역명들을 들어 선로를 안내하고 있다. 안내하는 역명에 속하지 않는 역까지 가고자 하는 고객은 자신이 탄 열차가 제대로 탄 것임을 알고 안심하기까지 상당한 시간이 걸려야 한다.

관공 디자인은 선로 안내 역명들이 어느 방향에 놓여 있는지를 고객들이 알아야 한다는 전제를 깔고 있다. 알아야 할 책임은 고객에게 있다는 의미이다. 관공들은 종점역을 밝혀 놓았으니 노선 안내는 완벽하다고 믿고 있을 것이다.

대화역이 어느 노선의 종점역인지 아는 사람이 얼마나 될까? 시작역과 종점역은 관공들이나 알지 일반인들은 잘 모른다. 2호선에서는 내선 순환 열차, 외선 순환 열차가 들어온다고 안내한다. 일반 고객들은 이 말이 무엇을 뜻하는지 잘 알지 못한다. 관공들의 언어일 뿐이다. 지방에 거주하는 사람이 서울에 도착해서 마음대로 지하철을 탈 수 있을까?

서울에 사는 지인이 아무리 전화로 지하철 이용 안내를 해도 지방에서 가는 사람은 확신이 서지 않는다. 안심을 할 수 없다. 결국 택시를 타고 만다. 가고자 하는 역명 이외에도 수많은 역명들이 어디에 있는지를 알아야 지하철 사용 안내를 이해 할 수 있다.

현재의 지하철 이용 안내는 역명들로 되어 있어 이해하기 어렵다. 수도권에만 400여 개의 역명이 있다. 이 많은 역명들을 고객들은 얼마나 알고 있을까? 지하철 이용 안내를 역명으로 하니까 고객이 쉽게 이용하는 데에 한계가 있다. 지하철 이용 안내 공공 디자인은 역명을 빼고 다른 방법을 강구해야 한다.

북미 대륙 하이웨이 안내 표지에는 동서남북을 표시하고 있다. 남이란 표지판이 보이는 레인에서는 남쪽으로 방향을 잡고 가고 있다는 표시이다. 북미 지역의 하이웨이들은 대부분 동서

남북 방향으로 격자 모양으로 구성되어 있다. 동서남북 네 방향 중 어느 방향으로 가는 길임을 표시하는 데에 아무런 이의가 없다. 서울의 지하철 노선도를 놓고 보면 동서남북을 딱 잘라 표현할 수 없다. 대체적으로 어느 방향이라고 표현할 수 있다.

3호선은 대체적으로 남북으로 오고 간다. 부분적으로 동서로 운행하는 구간이 전 구간 대비 10% 정도이며 황(오렌지)색으로 표시한다. 북에서 남으로 가는 3호선은 황색 띠에다 'ㄴ' 표시를 중복하여 한다. 남쪽으로 가는 열차라는 뜻이다.

남으로 표시하지 않고 'ㄴ'으로 표시하는 이유는 3호선에 두 개의 노선이 있는데, 두 개를 각각 특징 짓기 위해 구분하는 기호일 뿐이기 때문이다. 어느 지하철역에서 몇 호선 고유색(3호선이면 황색)에 넷 중 어느 부호가 표시된 곳으로 가서 지하철을 타면 된다는 간단한 안내를 받을 수 있다.

부호에는 'ㄷ', 'ㅅ', 'ㄴ', 'ㅂ' 등이 있다. 플랫폼에서는 승차 방향도 함께 표시를 한다. 특히 2호선에는 'ㅇㅅ', 'ㄴㅅ'으로 구분한다. 녹색 띠에 'ㅇㅅ'가 연속으로 표시된 것은 외선 순환열차를 뜻한다. 반대 방향 선로는 녹색 띠에 'ㄴㅅ'을 연속으로 표시한다. 내선순환열차이다.

지하철 노선 안내에 역명을 이용하지 않고 선로가 향하는 방향을 제시한다면 고객은 한층 행복감을 느낄 것이다. 이것이 공공디자인이다.

미래 유산은 가치 높은 자산이다

　서울 종로구의 4분의 1은 북촌이다. 60년대만 하더라도 한옥으로 꽉 차있었다. 한옥을 재건축하여 양옥으로 바뀐 집들이 몇몇 있었다. 80년대에는 한옥 보존지구 지정에 따른 민·관 간의 갈등이 심해 한옥보존지구 지정은 표류하게 되었다. 현재 남은 한옥 골목은 지대가 높아 재건축 타당성이 낮아 그대로 보존된 경우이다. 그곳이 요즈음 관광 명소로 각광을 받고 있다.

　상업용 건물에는 광고판과 창, 건물 외벽에 붙인 광고가 도시미관을 훼손하고 있다. 육개장 음식 그릇 사진까지 붙어 있다. 외부 광고 간판 무게 때문에 건물이 위태로울 지경이다. 건축물 외부 형태를 수선, 변경하거나 증설하는 것을 대수선이라 한다. 슬라브로 마감된 지붕에 불법건축물이 증축되어 있고 또한 기울기가 있는 지붕으로 덧씌운 경우도 점점 늘어난다. 이 모든 경우들이 도시 미관을 해치고 있다.

도시의 미관은 그대로가 국격을 말해 준다. 공공의 이익과 지속발전 가능성을 위해 나라의 힘이 모아지고 있지 않다는 것을 실증으로 보여주고 있다. 상업용 건물 외벽에 부착하는 간판의 크기를 규제하기가 어렵다. 지방정부에서 전액 부담하여 간판을 일정규격으로 통일감 있게 정비하고 있다.

어느 구청 앞 변호사사무실 한 곳만 규격 간판을 거부하고 유난히 큰 간판을 고집하고 있는 모습을 본다. 공익을 위한 행정이 얼마나 어려운지를 실감할 수 있다. 건물 외벽에 부착하는 광고성 문자나 그림에 대한 위반과 허용의 경계가 모호하다. 재산권 행사하는데 방해하지 말라고 한다. 장사도 안 되는데 이런 것까지 규제한다고 반박한다. 특히나 선거철에는 행정력이 더욱 무력해진다.

싱가포르는 상가 건물들이 밀집해 있는 구역을 리모델링한다. 싱가포르의 지도자는 미래 유산을 제안한다. 과거의 건물 외양을 그대로 되살리자고 한다. 건축양식 데코레이션 문양 등을 살려 냈다. 지금은 훌륭한 미래 유산으로서 가치를 발휘하고 있다. 일본이나 미국은 상가건물 외벽에 문자나 사진 등 광고물이 붙어 있지 않다. 옥상을 불법 대수리한 예도 찾아볼 수 없다. 아파트에 가구별로 섀시를 다는 예도 없다.

스마트폰 보급이 늘어나고 있다. 핸드폰을 쓰고 있는 사람들 중 90% 이상이 스마트폰을 쓰고 있다. 스마트폰은 컴퓨터(PC)를 휴대하고 다니는 것이다. 업소 광고나 위치를 건물 외벽 광고에 의존하는 경우가 점차 적어지고 있다. 스마트폰으로 찾고 확인한다. 업소별 고유 식별 부호가 주어져 업소 검색이 용이하여야 한다. 현재는 유사 또는 동일 명칭들이 동시에 뜬다.

미관이 유려한 도시를 만든다는 것은 백 년이 걸릴 일이다. 당대에 완성할 수 없는 일일지라도 가치가 있는 것에는 민관이 뜻을 함께 모아야 한다. 청계천은 영조 때 대대적으로 준설을 했다. 그 후 200여 년간 아무도 돌보지 않았다. 청계천이 가스 폭발이 우려된다고도 했다.

청계천을 미래 유산으로 되바꾸어 놓았다. 민관의 의견 차이를 300여 차례나 대화하고 또 대화하여 결국 소통을 이루어 냈다. 도시 미관은 공동체 자산임을 식별하고 민관이 합심하여 미래 유산으로 남겨야 한다. 관에는 리더십이 필요하다. 미래 유산은 가치가 높은 자산이다. 민은 미래유산의 주인이라는 새로운 인식 전환이 필요하다.

시골 정서가 미래 산업의 보배이다

　　디즈니랜드 안의 각 건물들은 일반 건물의 치수보다 약간 작다. 인형의 집과 같은 감흥을 느끼게 한다. 사람들의 마음을 동심으로 끌어들이고 있다. 의도와 그 주제에 맞는 음악이 흐른다. 축제의 마당에 서 있다. 어느덧 동심의 나라에 온 것이다. 옆에 있는 누구와도 마음을 열고 미소 짓게 된다. 살아 있는 자신이 행복을 만끽하고 있다는 표정이다. 쓰레기통에 '쓰레기는 즐거운 마음으로 버리자' 는 말이 쓰여 있다.

　　어린이들에게 카누젓기를 실연하도록 한다. 그 방문객들에게 '나도 카누를 저어 봤다' 는 자부심, 나도 할 수 있다는 긍지, 새로운 경험을 갖게 한다. 공동체 의식으로 단체와 호흡을 맞춰 노를 젓지 않으면 안 된다는 점을 주지시키고 있다.

　　'인형의 나라' 는 각국의 인형들이 고유의상을 입고 있다. 인형이 움직이면서 '어린 천사' 를 합창하고 있다. 보트를 타고 각국 코너를 순회하도록 되어있다. 각국의 인형들이 노래를 합창하는 모습을 연출하는 것은 국적이 다른 나라의 어린이들과 거부감이 없게 하려는 의도가 있다. 어렸을 적부터 글로벌 주역으로 활동할 수 있는 기반을 길러 주자는 의도이다. 어떤 인종도 친구가 될 수 있으며 비즈니스 파트너가 될 수 있음을 느끼게 해준다. 각국 코너마다 배경 음악의 리드 악기가 다르다. 그 나라의 고유한 음색과 음률을 잘 나타내는 소리로 바꾼다. 다음 나라로 갈 때쯤이면 새로운 나라를 대표하는 고유 음악의 세기가 점점 가깝게 들리도록 되어있다.

'미래의 나라'에서는 어린 꼬마들이 나와 춤을 춘다. 이 어린이는 최초로 대중 앞에서 퍼포먼스를 한다. 수많은 사람 앞에서도 자신을 표현하는 데에 자신감을 갖게 하는 것이다.

미국 로스앤젤레스 근교 디즈니랜드에는 설립자 월트 디즈니관이 링컨관과 함께 있다. 이는 링컨의 명예에 월트 디즈니의 명성을 동반하여 상승시키고 싶은 의도이다.

디즈니는 네 살 때부터 시골에서 살았다. 시골 정취는 디즈니의 백 년을 이어오는 근원이 되었다. 창의적인 콘텐츠를 이루는 마음의 고향이다. 동심을 자극, 자연, 그 속의 동물들, 그곳에 사는 사람들이 가진 동심 어린 본심이 디즈니 콘텐츠의 자양분과 디엔에이가 되었다.

아시아에는 도쿄, 상하이, 홍콩에 디즈니랜드가 있다. 시골 정서가 미래 산업의 보배이다.

에너지정책에 수학적 검증이 필요하다

전기자동차 시대가 오고 있다. 전국 2천4백만 대의 화석연료차들이 비화석연료차로 바뀌고 있다. 2백만 대 전기 또는 하이브리드 차가 다니고 있다. 향후 20년 이내에 2천만 대 이상으로 늘어날 것이다. 전기 소비량의 자연증가분과 전기차 수요 증가를 감안할 때 전기 소모량은 지금 전기 소모량 54만 GWh(고리원전 7기 총발전량의 15배)의 2배가 될 것이다.

인터넷이 본격 보급된 지가 20여 년이 지났다. 화석연료차들이 전기차로 바뀌는 것은 인터넷이 국민경제 전반을 바꿔 놓은 것에 비견될 만하다. 전기의 안정적 공급이 지속 발전적으로 유지되어야 한다.

몇 년 전 에너지 기본 계획에 한 단어도 없던 수소가 요즈음 갑자기 나오고 있다. 이 현상은 정상이라 할 수 없다. 수소경제에서 처음에는 부생수소를 활용한다고 한다. 수소가 부수적으로 생산된 것을 에너지로 활용한다는 것이다. 그러나 부생수소의 생산량은 우리나라 에너지 정책에 거론할 만한 분량이 아니다. 수소가 한 나라의 경제에 영향을 미치기 위해선 경쟁력 있게 수소를 획득해야 한다. 최근 수소경제라는 주제로 생뚱맞은 로드맵이 나왔다. 현행 에너지 수급 전략이 수학을 판단 근거로 하여 짜였다면 수소경제라는 말은 나오지 않았을 것이다.

태양광 발전량이 많아지면서 전력수급에 문제가 심각해졌다. 태양광 발전은 태양이 하늘에 있을 때만 가능하다. 간헐성이다. 한전은 지난 3년간 수익률이 계속 전년대비 떨어지고 있다. 급기야 작년에는 적자로 돌아섰다. 그 이유는 간단하다.

안정적이고 싼 전기를 사다 팔아야 하는데, 사업성 좋은 전기를 점차 축소된 양으로 공급받을 수밖에 없다. 원전 가동률을 1% 줄일 때마다 한전 적자는 2000억 원씩 증가한다. 반면 간헐성 높은 태양광 전력을 비싼 값에 사들여와 팔지도 못하고 땅 속으로 접지하여 버리고 있다.

수소경제 운운하는 집단은 이러한 현상을 오히려 미화하고 있다. 일기 좋은 날 낮에만 만들어지는 비싼 태양광 전기(수전원가 533원/Kwh)를 이용하여 수소를 만든다는 것이다. 이 과정을 거치는 수소경제는 꽤나 사회주의적이다. 그 이유는 비싼 태양광 전기 수전료(원전 원가의 13배), 수소 뽑아내는데 전기소모, 수소 저장 운반 충전에 과대한 비용 발생, 수소차가 전기차보다 운영비가 더 많이 소요되는 것 등이다. 에너지가 변환할 때마다 수율이 100%이거나 그 이상이 될 수가 없다.

엔트로피 때문에 에너지 로스가 항상 존재한다. 있는 전기를 그대로 쓰면 될 텐데 왜 수소로 변환하여 쓰려고 하는가? 수소로 만들어 놓으면 운반도 어렵고 수소 충전소 건설에도 개소당 20여억 원이 든다. 현행 고압가스관리법에 위하면 고압가스기술자격자가 수소충전소에 있을 때만 수소 충전이 가능하다. 법정 근로시간을 넘길 수 없어 오후 6시에 퇴근하면 그 이후 수소 충전을 원하는 차들은 충전을 못 받고 돌아가야 한다. 왜 이렇게 복잡하고 돈 많이 드는 과정을 신설해야 하는가?

수소를(스마트) 원전으로 만들 수 있다. 태양광 발전 전기로 만들어서는 나라가 거덜 난다. 국제경쟁력이 없는 현행 수소경제를 폐기해야 한다. 먼저 태양광 발전량을 더 이상 늘려서는 안 된다. 태양광 발전분은 양수발전으로 돌리는 것이 최적이다. 양수발전으로 회수하는 전력은 24% 정도이다. 결국 이때도 태양광 발전 전기의 최종 소비자 원가는 4배가 증가한다. 원가 압박이 소비자에게 전가되지 않게 하고자 한다. 한전이 이 모든 모순과 적자를 혼자 안으며 가고 있다.

에너지기본계획에는 한전 적자를 해결하는 방안이 마련되어 있지 않다. 신재생 에너지 부문에서 간헐성이 높은 분야부터 비중을 줄여 나가야 한다. 기저 전력공급망의 안정적 체계를 복원하고(원전중용) 이를 품질로 더욱 키워 나가야 한다. 에너지정책에 수학적 검증이 필요하다.

건전한 인식의 변화가 있어야 혁신한다

대학을 졸업하자마자 바로 취업해서 자리를 잡아 사회적 안정을 맛보는 청년들이 그리 많지 않다. 그들은 같은 나이 또래에서 30% 안팎이다. 나머지는 안정적이지 않은 것을 평상으로 받아들이면서 중년을 맞이한다. 현재의 통계 제도로는 보이지 않는 실상이 너무나 많다. 일주일에 한 시간만 일했어도 그 사람은 취업자로 분류된다.

청년실업자 수에는 통계 조사한 그 주에 한 시간이라도 일한 사람은 제외되어 취업자로 분류되어 있다. 공무원시험 준비하는 사람도 제외되어 있다. 실업자는 열심히 일자리를 찾고 있으면서 일주일에 한 시간도 일을 하지 않은 사람이다. 일자리를 찾으면서 일주일에 두 시간쯤 일한 사람은 실업자가 아니고 취업자로 분류된다.

통계상 청년취업자 중에는 사실상 실업 상태인 사람이 20% 이상 된다. 이들을 모두 합치면 무려 150만 명이 된다. 청년 실업자의 대부분은 학벌 벌이를 먼저 한다. 대학에서 귀중한 시간과 등록금 등을 소비했다. 졸업 후 실업상태를 2~3년 보내게 된다. 대학생활도 생산적이지 못하다. 대학 입학과 동시에 취업준비용 문제풀이를 한다.

대졸 미취업자들이 9급 공무원 시험 준비에 매달려 있다. 이들은 약 45만 명이나 된다. 9급은 고졸 출신자에게 알맞은 직무가 배정되어 있다. 현재의 현상은 젊은이에게 맞지 않은 옷을 입힌 것과 같다. 공부하기 싫은 사람도 억지로 대학에서 귀중한 시간을 허비하게 하고, 대학을 진학하기 위해 중고등학교 시절에는 과도한 사교육비(과외비)를 지급한다.

매년 40만 명 이상이 대학에 진학한다. 이들 중 어느 정도가 제대로 대학을 다닐까? 현재 한국의 청년실업 문제는 대학이 제 기능을 못 하고 있기 때문이다. 대학 졸업생이 취업을 못 하고 방황하고 있는 모습은 불량품을 만들었기에 팔지 못하고 공장 야적장에 산더미처럼 쌓아 놓은 모습과 흡사하다. 대학이 부실하기 때문이다. 전국 대학생 중 1/3을 일과 학업 및 자격 취득 동시 제도를 적용한다면 비생산적인 대학 문제를 해결할 수 있을 것이다.

아울러 열악한 중소기업에 취업을 꺼리는 현상을 해소할 수 있을 것이다. 고등학교를 졸업할 때 일과 학업 및 자격 취득 과정을 선호하도록 제도적 정비를 한다면 고등학교를 졸업하면서 일자리를 선택할 수 있다. 그 일자리에서 일과 병행하면서 대학과정을 밟아 나가고, 그 과정이 다 끝나면 자격을 취득하는 것이다. 현재 이 제도(NCS: 국가직무능력표준)가 마련되어 있으나 국민적 공감대가 부족하여 먼지만 쌓여 가고 있다.

고등학교를 졸업하고 취업한 젊은이가 동시에 대학과정에 입학하면 전액 국비 장학생으로, 일한 내용을 학점으로 인정하고, 토요일 출석하여 기본 학문을 익히고, 소정의 과정과 학점을 이수하면 학사학위와 소정의 자격을 부여한다. 4년의 과정을 수료한 이 젊은이는 회사를 옮기거나 동일한 회사에서 승진하여 계속 일한다.

남은 문제는 국민적 가치관의 변화가 있어야 한다. 이러한 제도가 좋다고 젊은이에게 말한다. 그 젊은이는 대꾸한다. 그러면 이런 과정을 밟은 젊은이에게 당신 딸을 줄 수 있습니까? 라고 말한다. 답은 있으되 인식이 그만큼 따라가지 못해 답보 상태에 있는 것이다. 건전한 인식의 변화를 통해 한국사회는 혁신한다.

공학을 믿지 못하는 사람은
감성이나 미신을 믿는다

　요즘 산야를 뒤덮은 풍력 발전·태양광 발전은 어디까지나 '파트타임 전기'에 불과하다. 원자력 발전·화력 발전에선 필요한 때에 필요한 만큼 전기를 만들어 쓸 수 있다. 이에 반해 풍력 발전은 바람이 불어야, 태양광 발전은 해가 비춰야 전기가 나온다. 풍력·태양광의 가동률은 20~30% 수준이다. 소비자가 필요로 하는 시간대에 나와 일하는 파트타임도 아니다. 아무리 전기가 필요한 때라도 바람이 불지 않거나 구름이 끼어 있으면, 일을 하지 않고 놀아버리는 제멋대로의 파트타임이다.

　신재생에너지가 기저전력이 될 수 없다. 전기는 공급량과 소비량을 맞춰가야 한다. 어느 순간 공급량이 소비량을 못 따라가면 곧바로 전기 주파수와 전압이 떨어진다. 국내 가전제품들은 주파수가 $60\pm0.2Hz$일 때 정상 가동되도록 맞춰져 있다. 주파수가 그 범위를 벗어나면 가전제품에 무리가 간다. 풍력·태양광 비중이 미미한 수준이면 전기 공급을 수요량에 맞추는 데

큰 문제가 없다. 그러나 풍력·태양광 비중이 10%~20% 수준으로 늘어나면 전기 공급 시스템은 불안정해질 수밖에 없다. 결국 풍력·태양광이 멈출 때 언제라도 돌릴 태세가 돼 있는 여분의 백업(뒷채움) 발전용량을 갖고 있어야 한다.

예를 들어 겨울밤 전기소비가 피크에 가까워졌을 때, 햇빛은 없고 바람마저 불지 않으면 전기 공급은 기저전력 즉 원자력·화력에만 의존해야 한다. 풍력·태양광을 많이 세워놨다고 다른 발전소를 짓지 않아도 되는 것이 아니라, 풍력·태양광이 거의 가동하지 않는 경우를 상정하고 그에 대비한 발전설비를 별도로 지어 놓아야 한다.

원자력 발전소는 연료를 넣어 출력을 내기까지 1~2일 걸리기 때문에 백업용으로는 사용할 수가 없다. 화력 발전의 터빈은 발전기가 식어버린 상태에서 전기 생산을 재개하기까지 6~24시간 예열이 필요하다. 그래서 대부분의 화력 발전소는 가동률을 100%까지 올리지 않고 90~95%까지만 올려놓는다. 어딘가 발전소가 고장 나거나 전기 수요가 느닷없이 튀어 오르는 경우가 있다. 이를 대비해 남은 5~10%의 출력을 언제라도 돌릴 수 있는 상태로 대기시켜 놓는다. 백업 발전용으로 가장 편리한 건 수력 발전이다. 수문만 열면 곧바로 전기가 쏟아져 나온다.

우리나라는 수력이 코끼리 비스킷 수준(1% 이내)이다. 세계에서 풍력 발전 비중이 가장 높은 나라는 덴마크다. 덴마크는

5500개나 되는 풍력터빈을 돌려서 자국 전기 수요의 20% 정도를 생산하고 있다.

덴마크가 풍력 대국大國이 될 수 있었던 것은 수력 발전 국가인 이웃 노르웨이(수력 비중 96%), 스웨덴(수력 비중 40%)과 전력 공급망이 연결돼 있기 때문이다. 덴마크 풍력 터빈이 힘차게 돌 때에는 덴마크 전기가 노르웨이·스웨덴으로 수출된다. 반대로 바람이 약해져 전기 부족 사태에 빠지면 노르웨이·스웨덴에서 전기를 수입해 온다. 덴마크의 풍력 전기 가운데 노르웨이·스웨덴으로 수출되는 양이 절반이고 대략 그만큼의 전기를 노르웨이·스웨덴에서 수입해 온다. 덴마크는 노르웨이·스웨덴 같은 든든한 이웃이 있기 때문에 마음 놓고 풍력 발전에 몰두할 수 있는 것이다.

국가 간 전기 주고 받기 측면에서는 대한민국은 망망대해 고도에 위치해 있다. 원전 발전량을 지난 2년간 7% 줄였다. LNG 수입으로 106억 달러를 더 지불해야 했다. 에너지 믹스는 원전의 안전과 국민적 공감대를 고려한 비율이다. 원전 비율이 약 30% 선에서 수십 년간 유지되었다.

탈원전은 향후 50년 후 에너지 믹스 비율을 0으로 하겠다는 것이다. 탈원전이란 말 대신 원전의 에너지 믹스 비중을 점차 감소시켜 나가겠다는 표현을 썼더라면 이토록 무지해 보이지는 않았을 것이다. 탈원전이란 이미지는 정책보다는 이념 냄새가 짙다.

탈원전의 논지는 안전에 있다. 지진이 걱정된다고 한다. 걱정되는 지진의 모든 양태가 반영되어 현재의 원자로가 설계되었다. 최악의 상태를 고려하였다. 거기에다 2 내지 3배의 안전율을 더 곱했다. 이를 반영하여 설계되었다. 설계는 공학의 꽃이다. 안전은 공학의 첫 번째 미션이다. 공학은 공업수학으로 증명되었다. 공학을 믿지 못하는 사람들은 감성과 미신을 믿고 있다.

에너지 자립도가 선진국으로 가는 길이다

　모든 국가는 흥망성쇠의 한 길을 가고 있다. 가는 길이 가파를 수도 있고 오르막인지 내리막인지 알 수 없을 정도로 밋밋할 수도 있다. 강대국의 요소 중 중요한 것은 경제력과 안보역량이다. 경제력이 하강하면 흥망성쇠 중 쇠로 향한다. 안보 의지도 함께 약화되면 망으로 향한다. 대한민국은 경제력과 안보역량이 날로 강력해지고 있는가?

　국방경제 이론은 국방 부문이 국가안보라는 본래의 기능 이외에 다양한 경제적 역할을 통해 직, 간접적으로 국가 경제에 기여하고 있다는 점을 기저로 하고 있다. 국방비의 일반적인 효과 분석에 머무르지 않고 산업 연관 효과와 기술 이전, 각종 사회간접자본 형성 등 공급측면의 효과, 국방 연구개발 및 방위산업 육성 효과, 그리고 안보 효과까지 포괄하고 있다.

　최근 방산품목들이 해외로 수출되고 있다. 국내 국방 수요로 개발 제조된 것들이 해외로 팔려 나가고 있다. 방산품이 해외로 팔려 나가는 것을 전제로 개발한다. 미래 시장 요구를 맞추기 위해 시장 변화 추세 등을 면밀히 분석, 대응하는 전략을 채택한다. 국방 경제는 국방비가 일회성·휘발성 부문이 아님을 강조하고 있다. 국방 경제 개념에서 탄생한 K9 자주포가 세계 시장에서 각광을 받고 있다. 좋은 사례가 된다.

원자력발전 분야도 안보에 키스톤(핵심 주춧돌)이다. 국내에서 필요한 에너지 중 일부를 원자력발전으로 충당하고 있다. 대한민국은 원전 기술을 70년간 지속적으로 발전시켜 왔다. 신생국 대한민국에게 미국은 농업 기술을 전수해 주고자 했다. 이승만 대통령은 원자력 기술을 전수해 주기를 요구했다.

1959년 7월 서울 공릉동 서울공대에 실험용 원자로 트리가 마트 2가 기공되고 1962년 정상 가동되었다. 외환 보유고가 몇 백만 달러 수준일 때 원자력공학 학도들을 해외에 국비 유학으로 보냈다. 16년 후 대한민국은 원자력발전소를 준공 가동하게 되었다. 원전 기술 자립을 목표로 해 70년대 말 원전 기술자 24명을 선발해 미국 벡텔로 보낸다. 원전 공동설계방식으로 한국 고유 모델이 잉태한다.

90년대 중반 한국은 원전 설계 및 기술에 있어 독립선언을 한다. 독자적 한국형 원전 모델을 선보인다. APR1400이다. 1400MW급이다. 미국 원전안전코드(장전)를 통과한 전 세계에서 유일한 모델이다. 2010년대 UAE에 수출한다. 대한민국 원전 경제사는 국방경제 이론과 한 치의 오차도 없이 일치한다.

2017년까지는 에너지 믹스(종별 혼합비)에 의해 적정 비율을 유지해 오고 있었다. 최근 3년간 탈원전 정책에 의해 원전 비율을 급격하게 줄여 나가고 있다. 탈원전으로 에너지 믹스에 변화가 불가피해졌다. 취사선택(트레이드 오프 스터디)을 한 것이다.

원전 위험 제거(팩트는 아님, 취), 북방 세력과 유대(혈맹?) 관계 증진(당사국은 냉대 중, 취), 신재생 에너지 시설 업체에 영업 기회(취), 저렴한 에너지원을 버리고(전기료 인상 불가피, 사), LNG 비율을 높임으로써 에너지 안보가 취약해졌다.(에너지 자립도 내려 감, 수출입 역조 주역, 사) 원전 수출 기회를 잃었고(사), 한전·두산중공업 등 거대기업들의 영업 손실을 가져오고 있으며(원전 생태계 파멸, 사), 양질 일자리 폐기 및 원전 전문인력들아 대거 해외 기업으로 이직했다.(사) 탈원전 현상에서 취한(얻은) 것이 3개, 사한(버림) 것이 5개이다. 현존하는 가치를 버리고 애매한 미래 가치를 택한 것이다.

미래 가치를 현가(현재가치)분석 해본다. 탈원전으로 잃은 것이 95%, 얻은 것이 5% 정도이다. 탈원전 결과는 대한민국 경제력과 안보를 약화시키고 있다. 강대국 대한민국이 약소국으로 되돌아가고 있다. 대한민국에 쇠가 이미 일어나고 있다. 한 국가의 에너지 공급의 적정성이 안보역량 지표가 된다.

에너지 자립도를 높여야 한다. 경제력과 국가 안보역량 복원으로 세계 10대 강대국가로 거듭 태어나야 한다.

POSCO 성공에서 배운다

　포스코가 가동되기 직전 남북한의 격차는 극심했다. 북한의 제강 생산이 연간 200만 톤일 때 남한은 고철을 전기로에 녹이는 시설 능력이 고작 연간 40만 톤이었다. 포스코가 가동되면서 역전되었다. 포스코가 성공하는 데에는 다산 정약용의 지식경영법이 있었다. 또한 지도자는 수학에 능통하여 계량경영을 하였다. 포스코의 성공요인 아홉 가지에는 다산의 지식경영법 50가지가 곳곳에 숨 쉬고 있다.

　첫째, 단군 이래 이순신 다음의 지도력을 보여 주었다. 지도자는 자사 주식을 한 주도 가지고 있지 않았다. 고등수학까지 정통하였다. "생각을 정돈하여 끊임없이 살펴보라. 나만이 할 수 있는 작업에 몰두하라. 좌절과 역경에도 근본을 잊지 말라. 한마디 말에도 깨달음을 드러내라. 속셈 없이 공평하게 진실을 추구하라. 단호하고 굳세게 잘못을 지적하라."를 실천하였다.

　둘째, 제철보국의 비전을 공유하였다. 조직원들은 미친 사람들처럼 보였다. 눈빛에는 살기가 뿜어져 나왔다. "핵심을 건드려 전체를 움직여라. 생각을 일깨워서 각성을 유도하라. '지금 여기'의 가치를 다른 것에 우선하라. 위국애민 그 마음을 한시도 놓지 말라. 속된 일을 하더라도 의미를 부여하라. 나날의 일상 속에 운치를 깃들여라. 정성으로 뜻을 세워 마음을 다잡아라. 아름다운 경관 속에 성품을 길러라."를 실천하였다.

셋째, 조직의 목표를 명확화하였다. "공장 가동하는 첫해에 수익을 낸다."이다. "조례를 먼저 정해 성격을 규정하라. 권위를 극복하여 주체를 확립하라. 목표량을 정해놓고 그대로 실천하라."를 실천하였다.

넷째, 제철사업 아키텍처가 성공적이었다. 제철 100년 선지자 일본의 협조가 결정적이었다. 그들은 부메랑보다 더 큰 일본이라는 국가 신인도를 세계로부터 획득했다. 하방공정 우선 전략을 채택했다. 제선, 제강, 압연의 일관제철소의 공정을 역순으로 완공시켜 가동케 했다. 차후 확장 전략을 수립한 후 공장 레이아웃이 결정되었다. 용광로를 한 번도 본 사람이 없는 조직이 세계 최고의 제철소를 설계한 것이다.

양폐 체계를 갖췄다. 중앙 1 공급에 2 용광로 체계이다. "전례를 참고하여 새것을 만들어라. 길을 두고 뫼로 가라, 지름길을 찾아가라. 발상을 뒤집어 깨달음에 도달하라."를 실천했다.

다섯째, 계량경영을 하고, 수치로 관리했으며 PERT를 도입 활용했다. 시간을 돈으로 환산할 수 있었다. 과정 중시 경영을 하였다. 과정 품질이 결과 품질을 좌우한다. 회사 조직원 4,000 명에 대한 직무분석과 매뉴얼화를 먼저 체계화하였다. 조직을 설계한 것이다. 설계를 통해 도상에 의한 시행착오법을 실시할 수 있었다. "모아서 나누고 분류하여 모아라. 되풀이해 검토하고 따져서 점검하라. 갈래를 나눠서 논의를 전개하라. 동시에 몇 작업을 병행하여 진행하라. 역할을 분담하여 효율성을 확대하라. 단계별로 차곡차곡 판단하고 분석하라. 단계별로 다듬어 최선을 이룩하라."를 실천하였다.

여섯째, 사전 스터디 시간을 가질 수 있었다. 대한제철소차관단(KISA)이 와해되었다. 당시 좌절과 실망이 대단했다. 반면에 주도권을 통한 성공 확률을 높일 수 있는 스터디 시간을 가질 수 있었다. 국제 계약 조건 등에 관해 주도권을 가지게 되었다. 납품물에 대해 성능보장 조건의 삽입을 관철시켰다. 발주자 측의 요구사항에 대한 주도권을 가질 수 있었다.

"파 껍질 벗겨내듯 문제를 드러내라. 기초를 확립하고 바탕을 다져라. 종합하고 분석하여 꼼꼼히 정리하라. 좋은 것을 가려 뽑아 남김없이 검토하라. 부분을 들어서 전체를 장악하라. 근거에 바탕하여 논거를 확립하라. 기미를 분별하고 미루어 헤아려라."를 실천하였다.

일곱째, 정치권으로부터의 외풍을 차단할 수 있었다. 각종 이권이나 청탁 등에 대해 외압을 차단할 수 있었다. 품질 중심 경영을 할 수 있었다. 외주, 사입, 채용 등에 가성비 중심 경영을 실천하였다. "쓸모를 다지고 실용에 바탕하라. 사실을 추구하고 실용을 지향하라. 다른 것에 비추어 시비를 판별하라. 도탑고도 엄정하게 관점을 정립하라. 실제에 적용하여 의미를 밝혀라."를 실천하였다.

여덟째, 같은 것이라도 세 곳 이상에서 배우고 지식을 재정립한다. 연수결과 사후관리를 철저하게 한다. 매뉴얼을 갱신하게 한다. 귀를 크게 열고 진지하게 듣는다. 사전 지식과 관심, 상상력이 충분하다면 한 번만 보고도 핵심을 파악할 수 있다. "묶어서 생각하고 미루어 확장하라. 목차를 세우고 체재를 선정하라. 읽을 것을 초록하여 가늠하고 따져보라. 생각이 떠오르면 수시로 메모하라. 좋은 것은 갖지 않고 취해 와서 배워라. 자료를 참작하여 핵심을 뽑아내라. 생각을 끊임없이 조작하고 단련하라. 유용한 정보들을 비교하고 대조하라."를 실천하였다.

아홉째, 커뮤니케이션을 중시했다. 연수준비를 철저히 하였다. 어학을 중시하였다. 회의 시 속기록을 작성하여 회람시켜 실수를 예방하게 했다. "끝까지 논란하여 시비를 판별하라. 질문하고 대답하여 논의를 수렴하라. 선입견을 배제하고 주장을 펼쳐라."를 실천하였다.

포스코가 가진 성공 디엔에이를 다시 일깨워 활용할 곳이 있다. 시대정신 인식, 안보 혼란, 에너지 향방, 경제 침체 탈피, 노동개혁, 교육, 청년실업, 공공부문 비효율 등 문제 해결에 포스코의 성공 디엔에이가 유용할 것이다.